103歳“好き”に生きたわ

千江子流 人生アルバム

谷光 章

小学館スクウェア

こんなに楽しい
幸せな介護も
あったのか!!
99歳
母と暮らせば
谷光 章 監督作品
ドキュメンタリー映画／2018年 HDカラー 95分／製作・著作・配給 イメージ・テン
www.99haha.net

お茶目で天真爛漫でワガママ
認知症の進む母…99歳
♫山男の歌
♫蝶々
♫故郷の空
♫二人は若い
♫早春賦
仕事の場を実家に移して
介護を始めた息子…71歳
記憶障害、昼夜逆転、幻覚、幻視、物盗られ妄想……
足腰の衰え、下の失敗、肺炎、駄々っ子……
日々の暮らしの中で次々に起こる摩訶不思議、
トホホのホ、アッジャーの数々!!
高齢になるとほとんどの人が経験するさまざまな症状。
これらと付き合いながら、母の人生最終章を
気持ちよく楽しく過ごさせるために奮闘する
家族の姿を１年間にわたり記録。
1時間
3000円
もらおうか
親子やから
10円や
この
しぶちん!
食べてない
ほっといて
食べたの!
人生100年時代、介護される人もする人も
共に幸せに暮らせる介護とは？
穏やかで心地よい老後とは？
高齢者と暮らす家族の在り方とは？
ホラ、手あげて
踊っりょる
支え、支えられながら
共に生きることのいとおしさが
じんわりと心にしみる驚きと感動の
ヒューマンドキュメンタリー。
幸せな介護
への心得
あ ありがとう
い イライラしない
う うろたえない
え 笑顔で
お 怒らない
一日一日感謝の思いで
毎日を生きる

ドキュメンタリー映画
『99歳 母と暮らせば』チラシ

はじめに

認知症が進み百歳を超えても、時々素敵な笑顔を見せてくれていた母・千《ち》江《え》子《こ》が百三歳七か月で亡くなってから、私はしばらく残された膨大な遺品の整理と処分に追われていた。

実家の一階八畳の部屋に置かれた四棹のたんす。中には何十年も着ないままハンガーに吊るされたコートや上着、ワンピースなどがびっしり。押入れの衣装ケースには春夏秋冬、それぞれ柄やデザイン、素材に母の好みがうかがわれる衣類が丁寧に仕舞われていた。

この他にも、イメルダ元大統領夫人のコレクションを彷彿させるほどの靴やバッグ。

食器棚や押入れには、デパートの包装紙などで包まれ積み重ねられた大量の食器類。

さて、これらを断捨離して、物であふれた部屋や空間をどう開放させるか？

母が九十七歳になった時、一人で暮らすには心配だったため一緒に住み始めた私。母の介護をしながら、「介護される人もする人も、共に幸せに暮らせる、そんな穏やかで心地よい介護とは？」を試行錯誤しながら実践し、

処分した母・千江子の大量の遺品の数々

見る人に考えてもらうドキュメンタリー映画『99歳 母と暮らせば』を撮影、監督、編集し、全国で上映していただいている。

母が亡くなった後も、母との濃い生活が詰まった居心地が良い実家で、引き続き暮らして行こうと思っていた。そこで不要な物を処分し、部屋や空間を増やして少しでも快適に暮らしたいと思った。

まだ十分に着たり使ったり出来る洋服やバッグ・食器類は門の前に「どうぞご自由にお持ち下さい」と張り紙をして並べた。良い物は夕方にはほとんど無くなっていた。

タダで持って行ってもらった以外にも、部屋を塞ぐほどの衣料品は、東南アジアを中心に貧しい人たちを支援するNPO団体に、大きな段ボール何箱にも詰めて支援金と共に送った。

物質的には、確かに恵まれていた母。処分した品々を見ながら、それらを初めて手にした時の母の嬉しそうな笑顔が想像出来る。しかし、そこに至るまでには沢山の苦労、頑張りがあったことと思う。そうした日常の様々な苦しみや辛さを乗り越えた、小さな努力の積み重ねのご褒美として、手に入れた品々だったのだと思う。

母はどのようにこれらのご褒美を手に入れて行ったのだろう?

本当に幸せな人生を全う出来たのだろうか?

ギリシャの哲学者・アリストテレスは、人生の究極の目的は「最高善」すなわち「幸福」を得るために行動することだと考えた。

その人の人生全体を振り返って「幸福だった」と思えるかどうか？

大量の遺品を処分する作業の中で、私は大正・昭和・平成・令和の四時代を生き抜いて来た母の、心の内を探る貴重な証《あかし》となるものを発見した。

それは、意外な所にひっそりと隠すように仕舞われていた。


関東大震災後の大正十五年十月に建てられたという、赤いとんがり屋根の神奈川県藤沢市の実家。

玄関から廊下を少し歩くと、左手に木で出来た階段が現れる。手すりを握りながら急な階段を上ると、途中に小さな踊り場がある。右手にある扉を開けて、体を縮めながら薄暗い中に入る。そこは屋根裏部屋に作られた物置。所狭しと段ボールや衣装ケース、黄ばんで煤《すす》けた新聞紙に包まれた得体のしれない物品が積み上げられている。

東京の大学の映画研究会のメンバーから、この暗くてかび臭い場所を使って、映画撮影をしたいという依頼が舞い込んだ。ミステリアスな心理劇だそうだ。

そのため、積み上げられた品々を一旦、二階の部屋に全て取り出すことに

屋根裏部屋の物置

藤沢の赤いとんがり屋根の実家

なった。

学生たちに手伝ってもらって運び出したのは、ほとんどが昭和三十五年に兵庫県西宮市甲子園から引っ越して来た時のまま、まったく手付かずに仕舞われていた物だった。

およそ六十四年の歳月を経て漸《ようや》く日の目を見ることになった品物たち。

一つ一つ丁寧に箱に仕舞われていたり、新聞紙やデパートの包装紙に包まれていたり、ブリキや竹で編まれた行李《こうり》に収められていた物は、今では使い物にならないゴミ同然のものがほとんどだった。ただそれらの品々は、母が暮らして来た戦前から戦後にかけての生活ぶりを如実に示してくれる、貴重な証言ともいえる物なのだ。

大きく移り変わって行く時代の中で、いつも明るく天真爛漫だった母でも、苦しい時や悲しい時をいくつも経験して来たはずだ。それでも常に前向きに、そうした苦難を耐え乗り越えて、日々の小さな幸せを求め、平凡な主婦を自分らしく一生懸命に生きて来たのだ。

屋根裏部屋に残された母の生活ぶりがしみ込んだ品々や資料、結婚当初から書き続けて来た日記と家計簿から当時の暮らしを振り返り、家庭を守る苦労の中でも、どのように楽しみ、喜びを見つけ出し、家族や周りの人たちにささやかな憩いの場を紡ぎ出して来たのだろうか？　私が知り得なかった母

昭和13年（1938）から欠かさず付けていた日記と家計簿

の本当の心の内を探りながら、暮らしの中に幸せな空気を生み出す秘訣はどこにあったのだろうか？　そして、百三歳七か月という長寿を元気に全う出来た秘訣とは何だったのだろうか？　母の生涯を紐解きながら、その答えを探って行くことにした。

〈付記〉母の長い人生が示唆する折々の「幸福」と「長寿」のヒントを本文中に左のマーク付きの文章（**太字**）で掲載しています。

「幸福へのヒント」→

「長寿へのヒント」→

目次

本書を刊行するにあたって

・原則として、日記（手帳、家計簿等を含む）からの抜粋については、原文どおり（明らかな誤記は訂正）に印字することを旨としました。

・但し、編者が必要と思われるものにルビおよび句読点を追加、わかりにくい箇所に（　）で注を付しました。

・日記等の原文が判読不明の箇所は○○と表記しました。

・本日記の一部には、今日の人権意識からみて不適切と思われる表現が含まれています。しかし、日記が書かれた時代背景、著者が故人であること、および著者が差別助長の意図で使用していないことを考慮して、原表記のままとしました。

・刊行にあたり、新聞、雑誌等の著作権者、あるいは著作権継承者の方には許諾をいただいております。ただし、中には鋭意調査しましたが、連絡先が判明しないまま掲載させていただいた文章もございます。もしもお気づきの点などございましたら弊社までご一報くださいますようお願い申し上げます。

一

ウンが付いた?!

大正時代（大正七年～十二年）〇歳～五歳

千江子4歳

千江子の父・織田寛

大正七年（1918）
母の誕生

大正七年（1918）、香川県仲多度郡善通寺《なかたどぐんぜんつうじ》で生をうけた母・織田《おだ》千江子。善通寺は弘法大師空海生誕の地。父親は陸軍第十一師団の将校だった。

（映画『99歳　母と暮らせば』の中の母と私の会話）

母「お庭が広《ひろ》ーて、周り全部きれいな堀に囲まれてて、門と道の間に堀があるから、道から家へ入るのにちょっと湾曲した石の橋が架かっとん。その橋を渡って門に入って行くん」

「すごいね」

母「軍人の家でね、朝兵隊さんが馬の手綱《たづな》引いてお父さんを迎えに来るん。そして馬に、乗って行くん」

母の母方も大きな広い家で、庄屋とか村長をしていたらしく、秋になると広い土間に小作人の担ぎ込んだ俵が、天井に届くほどぎっしり積んであった。祖父が尖った棒のようなものを俵に突き刺して、出て来た米粒を検査してから、分厚い横長の通帳に筆で書き込んでいたという。祖父・隅鷹三郎《すみたかさぶろう》はまた、『華

三姉妹（右が千江子）

道池坊』、『茶道表千家』の大家で、多くの弟子を持ち、忙しく過ごしていた。祖父は七十八歳の時、お花の展示会場で鋏《はさみ》を持ったまま倒れて亡くなった。

母は三姉妹の末っ子で、大きな家で裕福な幼少時代を送ったらしい。

この頃国内では、第一次世界大戦による「戦争景気」によって物価が高騰し、米価は政府や米商人による買い占めなどで大戦前の三倍を超える程にもなっていた。そのため各地で米価引き下げ要求の暴動が起こっていた。

この年、松下幸之助が大阪に松下電気器具製作所（現・パナソニック）を創立。森永製菓が国産で初めてチョコレートの一貫製造を開始。並木製作所（現・パイロットコーポレーション）が万年筆の製造販売を始めた。

大正十一年（1922）四歳頃

ウンが付いた?!

小学校に行くようになる前のある日のこと。幼い母は、姉二人に便所に連れて行ってもらった。

母「何しよったんか知らん、はよしなさいと、せかされた。ほな、便所の壺に落ちたん」

「お母さんが？　それから運が付いたわけ？」
母「運が付いたかなんか知らんけど、あっはは。だから落ちたでしょ、ほんだら、汲み取り口開けて、みんなで引っ張り出さないかん。ウンが付いたん」
「あっははは、糞まみれ。大変だったねぇ」

人に言うにも恥ずかしい失敗談も、母はあっけらかんと平気で家族に話し、笑いのネタを提供してくれた。

日常の小さな失敗、不手際も、気にしたり、悪い方へと考えない、引きずっていかない「なるようになる、ケセラセラ」のポジティブな性格が見て取れる。

大正十二年九月一日、関東大震災。香川県丸亀市に住んでいた母たちは被害に遭わずに済んだ。ウン（運）が付いていたお陰だろうか。

二

昭和戦前時代1（昭和元年～十二年）八歳～十九歳

女学生・スポーツウーマン・スクラップブック

習練に励んだ習字帖

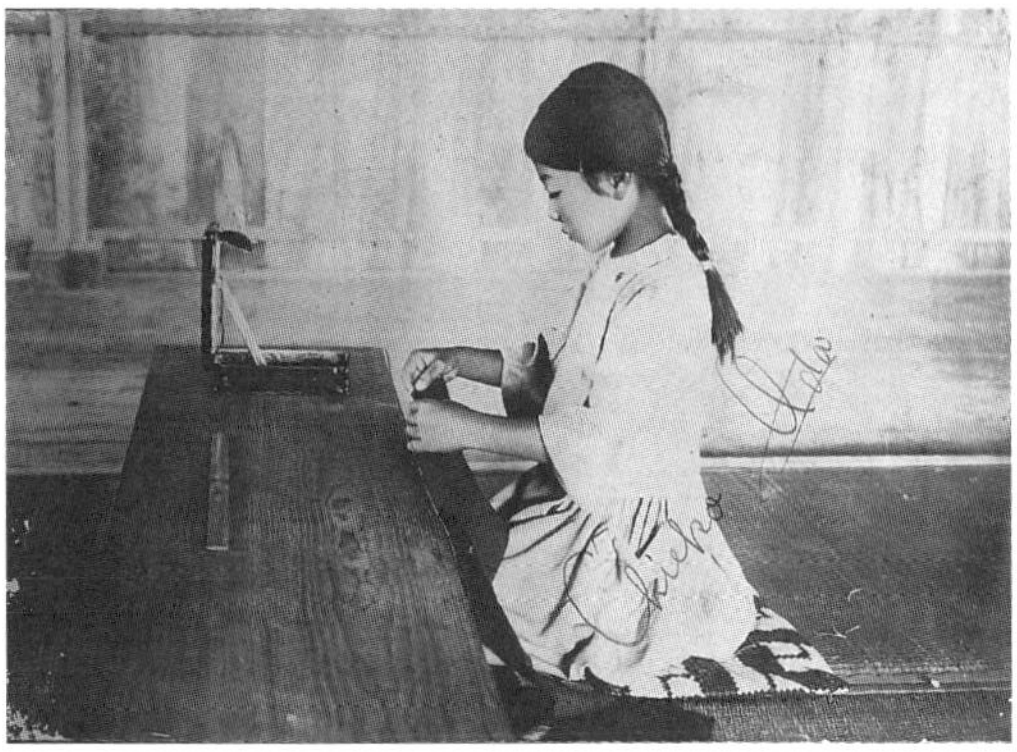
姿勢模範のモデルとなる（10歳）

大正十五年・昭和元年（１９２６）十二月二十五日

昭和の時代が幕を開けた

大正末期から昭和の初めまで、モボ・モガ、退廃ムードが漂い始めた頃からエロ・グロ・ナンセンスの言葉が流行り出した。

昭和二年末、日本初の地下鉄開通。昭和三年のオリンピック・アムステルダム大会で織田幹雄が三段跳びで、鶴田義行が二百m平泳ぎで金、人見絹枝が陸上女子八百mで銀メダルを獲得。昭和五年、芝浦製作所（現・東芝）が日本初の電気洗濯機、電気冷蔵庫を完成させた。

昭和三年（１９２８）

姿勢模範のモデル

母は活発で快活な少女に育って行った。

尋常小学校五年（十歳）の時には姿勢模範のモデルとなっている。

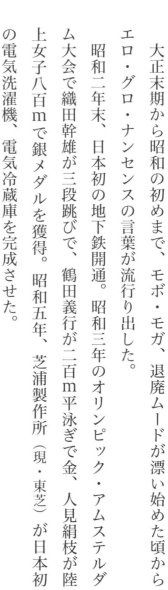

「全国少女排球大会」優勝（中列右から３人目）

陸上競技部（右上が千江子14歳）

昭和六年（1931）十三歳

香川県立丸亀高等女学校（丸女）二年

丸女に入学してからは、文武両道を目指す自由な校風の中でのびのびと育って行った。小さい頃から字が上手かった母だが、「女子習字帖」などで習練に励んでいたようだ。大人になってからも、かな文字の講習を受けたりして、藤沢市民展にかな文字の作品を出品したり、子供たちに書道を教えたりしている。

この年、満州事変が勃発。ソ連を仮想敵国とし、満蒙を確保しなければ日本は滅びると称して関東軍が引き起こした。さらに戦意高揚のため「肉弾三勇士」が世間の話題になるなど、日本は次第に軍国主義の色を濃くしてゆく。

昭和七年（1932）十四歳

スポーツ選手として大活躍

丸女二年頃から陸上競技、バレーボールに熱中した母。丸女三年の時には、メンバーの一人として甲子園で行われた全国少女排球大会で優勝。学校の中でも注目される生徒になって行った。

寿 **小さい頃から運動に親しみ、基礎体力を養っていた母。運動選手の安定時**

修学旅行（江ノ島）
（左から２人目）

の脈拍数は、30～40。一般人は60～80。つまり、休むことなく働いている心臓の負担が少ない程、長生き出来ると言われている。

昭和九年（１９３４）十六歳
楽しい修学旅行の思い出

五月三日、職員五名、五年生七十六名で丸亀を出発。平安神宮、奈良、伊勢神宮、二見浦、江ノ島、鎌倉、明治神宮、泉岳寺、二重橋、中禅寺湖、日光を巡る大旅行。それぞれの場所で、全員で記念写真に納まっている。各地の主な神社を訪れているのは、皇室に連なる敬神思想の育成が目的だったのだろう。こうした修学旅行も戦争へと向かって行く中で、文部省は昭和十五年に制限を通達し、昭和十八年の国民学校の記録を最後に中止された。

昭和十年（１９３５）十七歳
丸亀高等女学校卒業

「人間は、十代で過ごす一年は退屈な大人の一年の何倍も長く感じる充実した時間を過ごす」といわれるが、母はその特権を十分に活用していたようだ。

丸亀高等女学校
卒業（17歳）

充実した女学校時代を終えた母は、卒業後も二年間同校の家政科で家事や裁縫を習って、花嫁修業に励んだ。この時代は自立して職業に就く女性はまだまだまれで、ほとんどが見合いや紹介で結婚し、専業主婦として家庭を守るという考えが主流だった。

因みに、世界で最初に女性の参政権が認められたのは、一八九三年のニュージーランド。

その後、一九〇二年オーストラリア、一九〇六年フィンランド、一九一三年ノルウェー、一九一五年デンマーク・アイスランド、一九一七年ソビエト連邦、一九一八年カナダ・ドイツ・イギリス、一九二〇年アメリカ（白人女性のみ）。日本は終戦後の一九四五年まで待たないと女性が政治に参加することが出来なかった。現在でも女性政治家の割合は十・二％（二〇一九年）上場企業の女性役員はわずか五・二％（二〇一八年）。世界経済フォーラムの「男女格差報告」（二〇二三年）では一四六か国中一二五位に留まっている。未だに女性の活躍が阻まれている日本。バブル崩壊以降日本社会が低迷している原因の一端が見て取れる。

昭和11、12年のスクラップブック
（千江子18、19歳）

昭和十一年（1936）

十八歳のスクラップブック

年頃で多感な娘時代を迎えた母は、当時流行のファッションや映画、歌謡、ラジオ、生け花や料理に関心を寄せて、新聞や雑誌の切り抜きを几帳面にスクラップしている。シャルル・ボワイエ、クローデット・コルベール。シャーリー・テンプル。マレーネ・ディトリッヒ。入江たか子・高田稔。高杉早苗・桑野通子。♪ああそれなのに　♪東京ラプソディー　♪青い背広で

暮らしに関しては、「十円前後の呉服類」「贈答品　一円から十円まで手頃な品調べ」「この冬の婦人服　流行と着こなし」「どくだみは洟《はな》によい」等々の切り抜きが見える。

また、何があったのか？　苦しい心の内を小さなノートブックに記した個所もあった。

何だか胸につかえて苦しい一日だった。今日ほど人のみにくい心を見せつけられた事はなかった。どの人間の顔も変に見えた。又見たくなかった。あの顔もそれからあの顔も、それに声を聞いただけでもにくらしい。パンチ食わせてやりたいような気持。

マレーネ・ディートリヒ（左）と
シャーリー・テンプル

スクラップブックの一部

シャルル・ボワイエとクローデット・コルベール

佐野周二と高峰三枝子

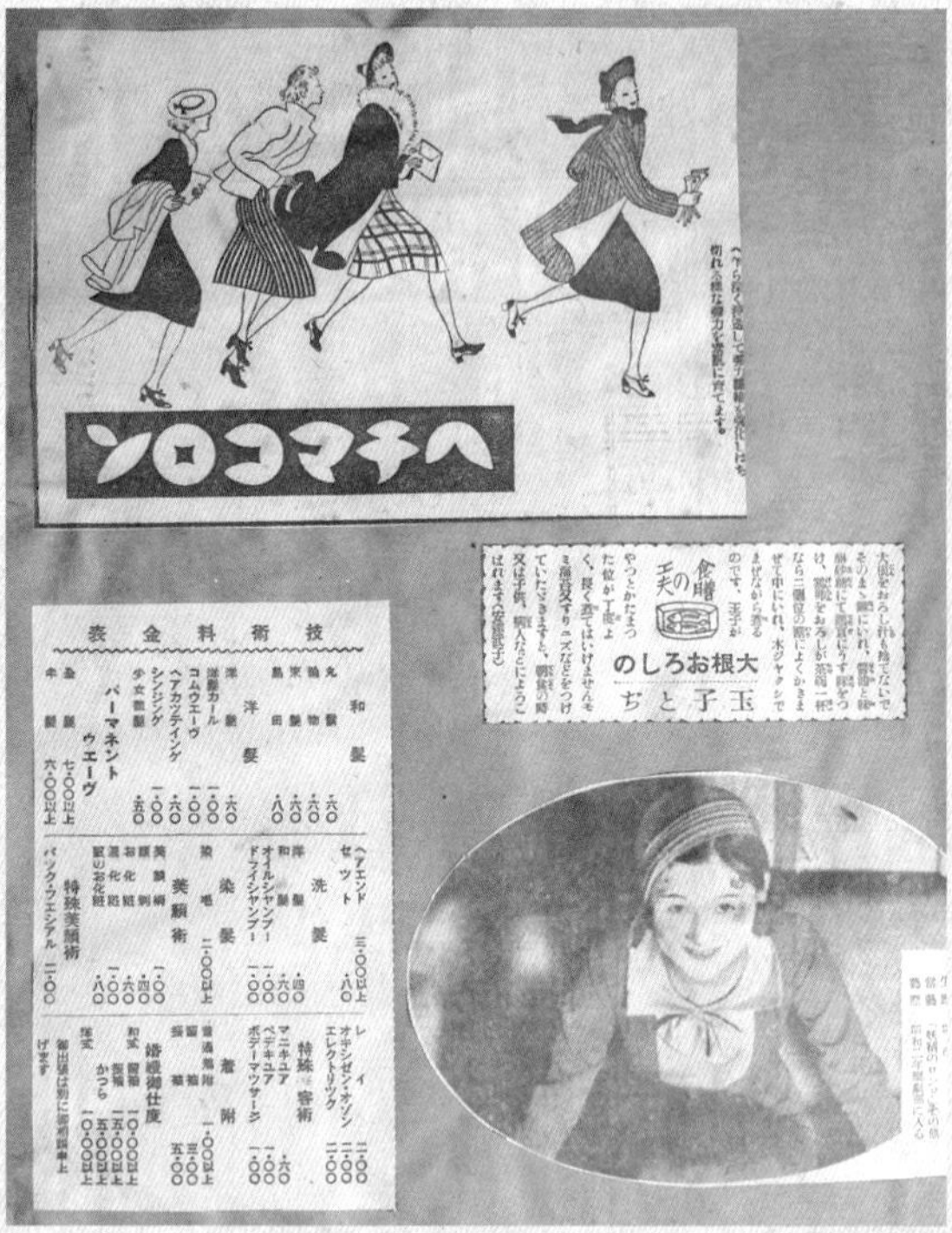

スクラップブックの一部

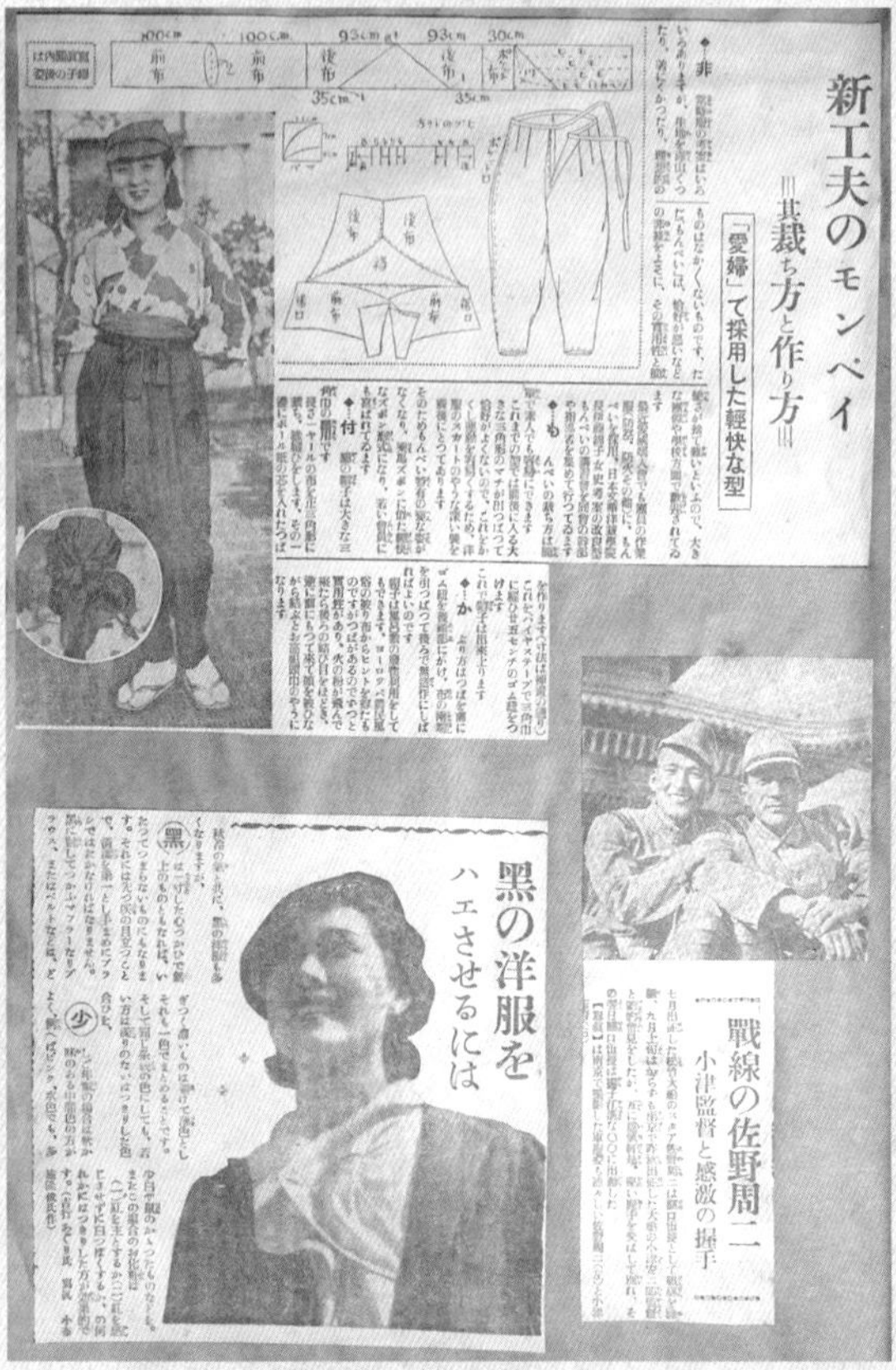

ラヂオ

ラヂオ
秋のハイキング
國民歌謡の
婦人相談

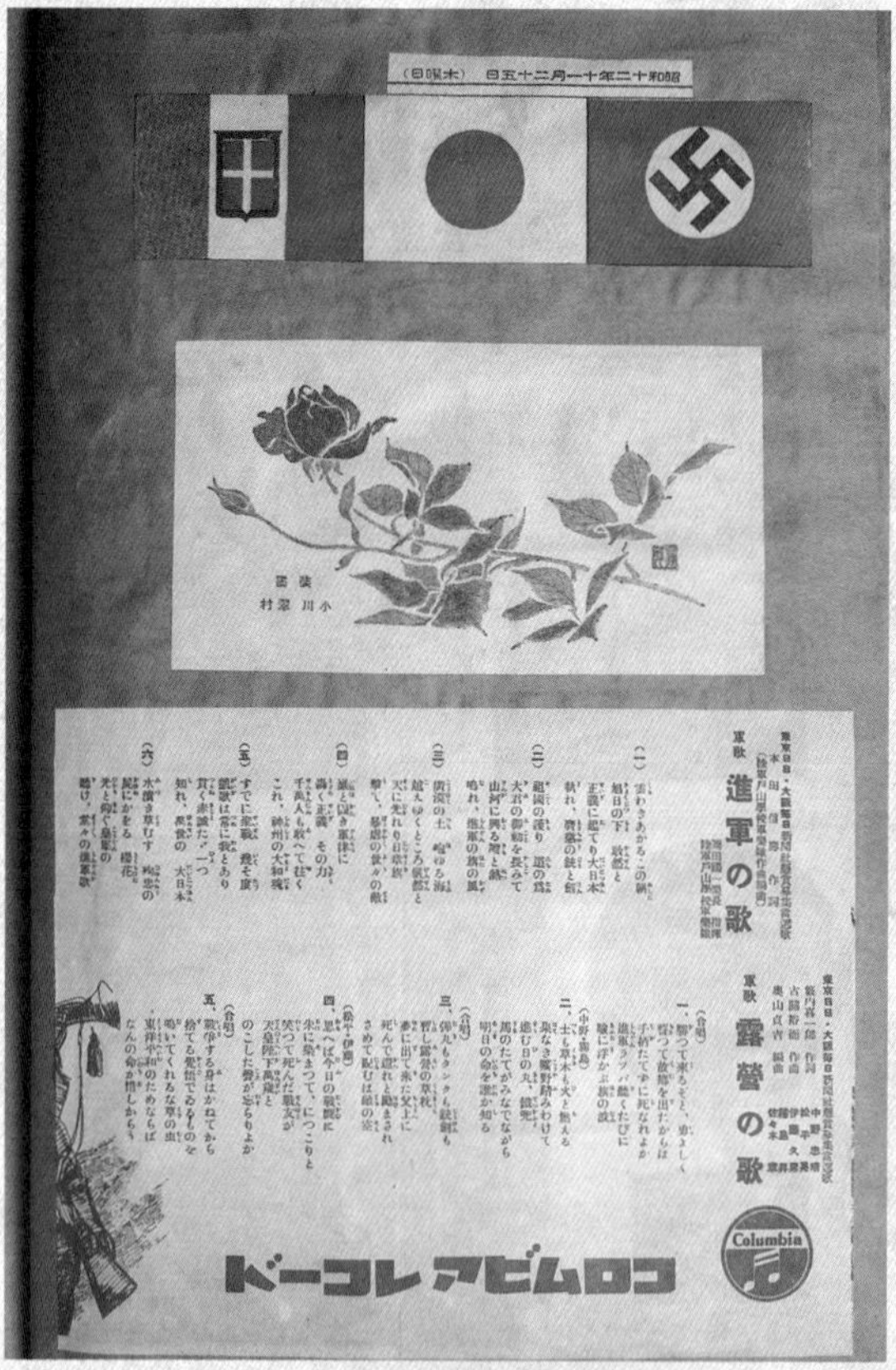

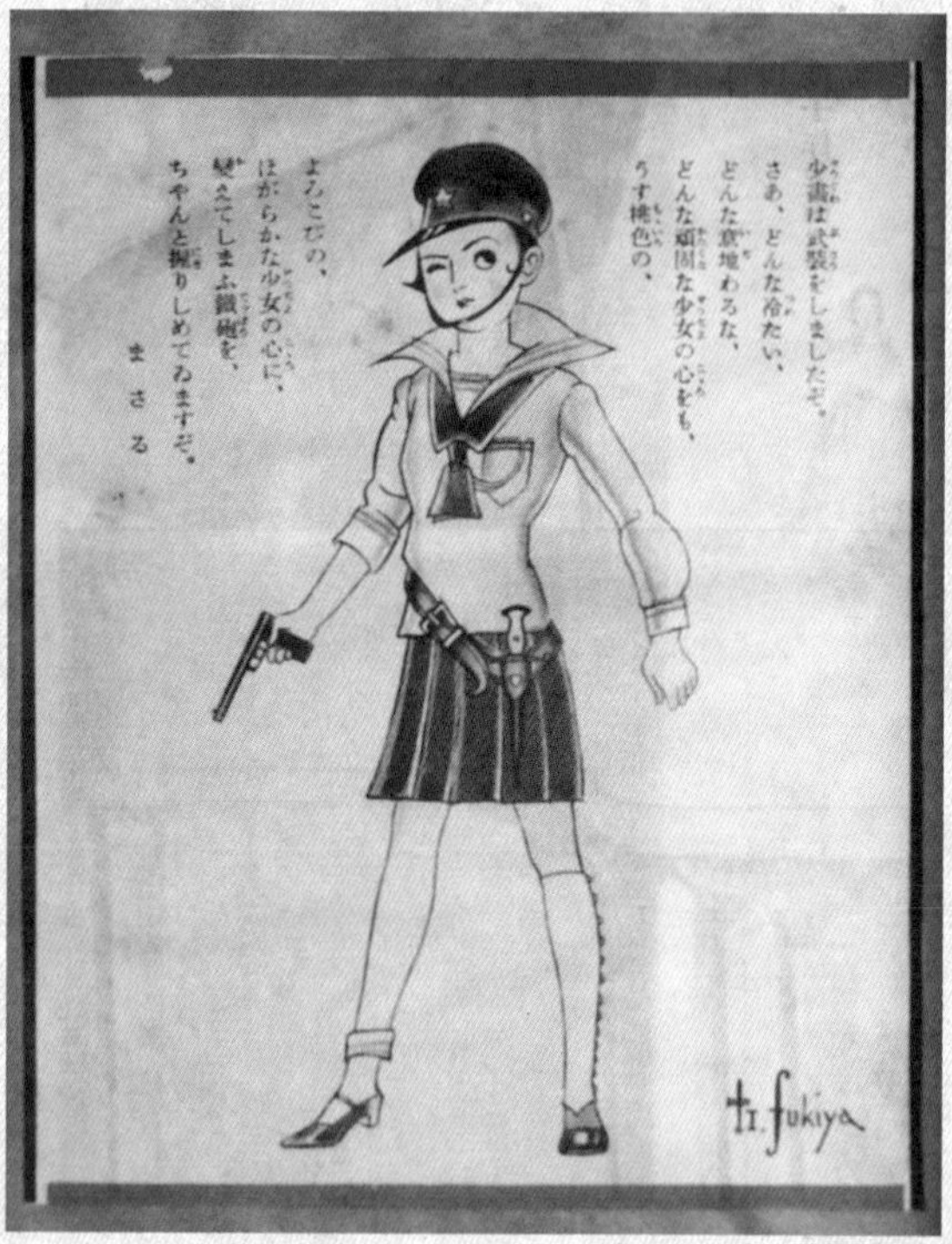

スクラップブックの一部

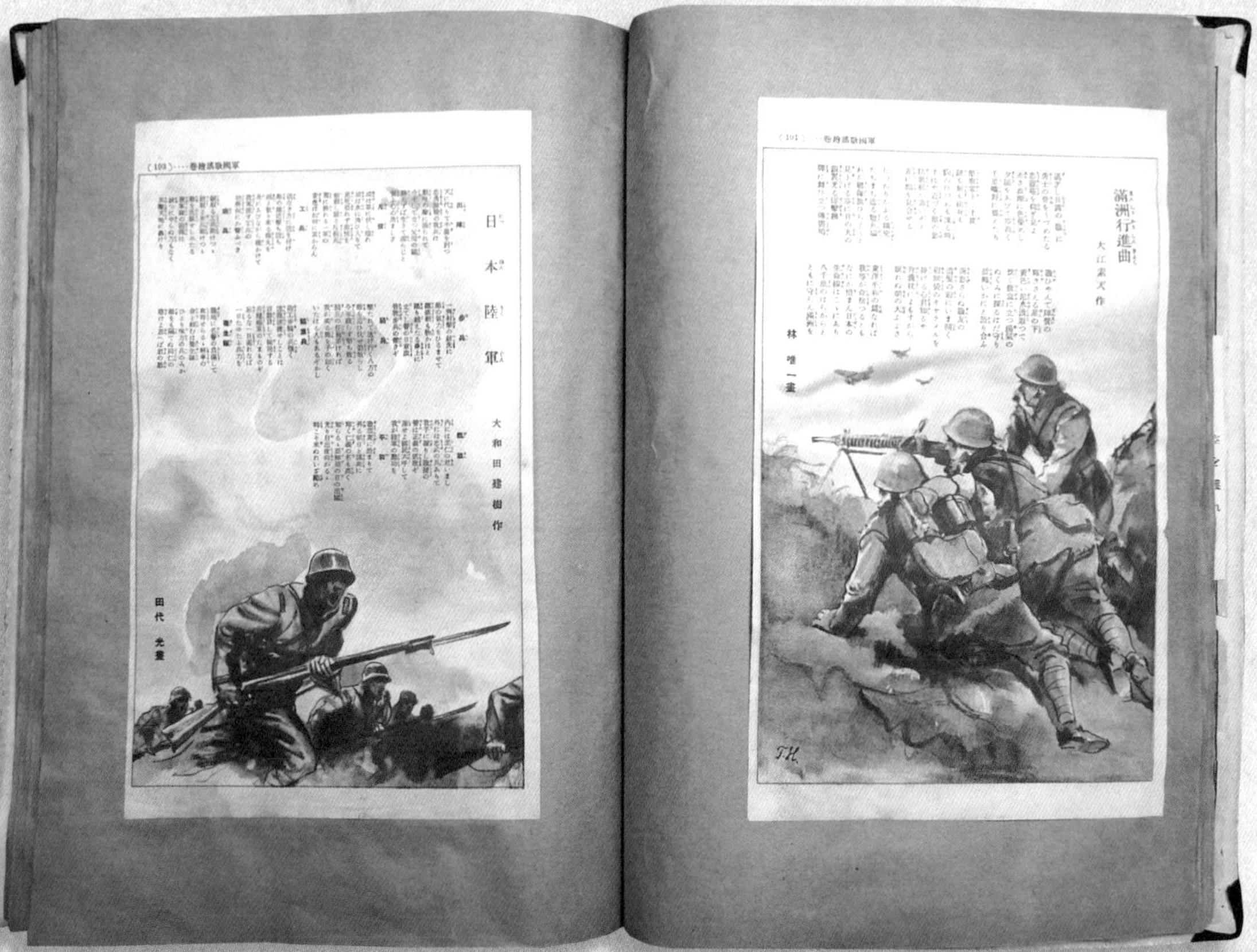

でも自分は大和撫子、そう云いきかしながら、乱れた心をしづめる私だった。いつまでも胸に刻みつけられた今日の出来事、人生はすべて欲にうずもれていて、みんながみんな利己主義だ。桜の花でさえも、咲いてしまえば、どんどん散って行くではないか。小鳥も楽しそうに青空に向かって歌っているではないか。春だ、春だ。愉快であるべき春だのに……何て憂鬱な今日この頃だろう。何が面白くてこの世の中に生存してゆくのであろう。星のまたたく頃、希望も快楽もない、淋しい心をいだいて、トボトボと西に向かって歩いていた。あわただしい自動車のヘッドライトに照らされたその瞬間、プッツリと鼻緒が切れた。はだしで走り出したい様な気持ちをじっとおさえて回れ右をした。もときた道を又帰っていった。ちんばをひきながら……。

時々留まっては北斗七星を見上げた。いつもの様に仲よく一定の間隔をおいて行儀よく並んでいた。鼻歌も歌ってみた。口笛も吹いてみた。しかし、どんなことをしても淋しい気持ちをまぎらすことは出来なかった。お琴もかき鳴らして見た。ジャンプもしてみた。しかし、今日の出来事を苦しい胸から打ち消すことは出来ない。死んじまえと叫んでみても、そうやすやすと死ねるものじゃなし。ね！　ね！　そうでしょ。

神様、アーメン。

揺れ動く心の内、多感な乙女の激しい思いが素直な表現で綴られている。

母には、辛い苦しい時に、いつも自分を励まし応援してくれる、もう一人の自分がいて、そのもう一人の自分の心の声によって悩みを抱え込まずに前に進んで行けたのだ。そうしたマイナスをプラスに変えて生活を楽しむ才能を持っていたと思う。

昭和十二年（1937）
十九歳のスクラップブック

七月に盧溝橋《ろこうきょう》事件が起こり、これをきっかけに日中戦争が始まった。

八月には近衛文麿内閣が国民を戦争に向かわせるための『国民精神総動員実施要綱』を決定。全国の映画館では映画の冒頭で「挙国一致」「銃後を護れ」のスローガンが表示されるようになった。

母のこの年のスクラップブックには、南京入城の記事や、『満洲行進曲』『日本陸軍』『戦友』などの歌詞。そして三国防共協定を結んだ日・独・伊の国旗が貼られ、戦時色が国民の生活の中に抵抗なく入り込んで来ているのを示している。その他にも「新工夫のモンペイ　其裁ち方と作り方」「戦線の佐野周二小津監督と感激の握手」などの記事が貼られている。

この年の手帳には、

千江坊が桃割れに結うなんて変でしょうか、皆さん？　だってなぜか結いたいのよ。

お友達がどんどんお嫁にゆきますの。私も!!　私もいつかは花嫁になるのですもの。若き日の思い出に日本髪にあげてみたいのです。節分の日にとスケジュールたてていますのよ。写真も撮るつもり、女中の藪入りみたいだろうと笑ってまってててね。

とある。周りの友達が次々にお嫁に行く中、多少の焦りと花嫁への憧れとがない交ぜになった心境が綴られている。

二

新婚・戦時中生活

昭和戦前時代2（昭和十三年～十九年）二十歳～二十六歳

見合い写真（19歳）

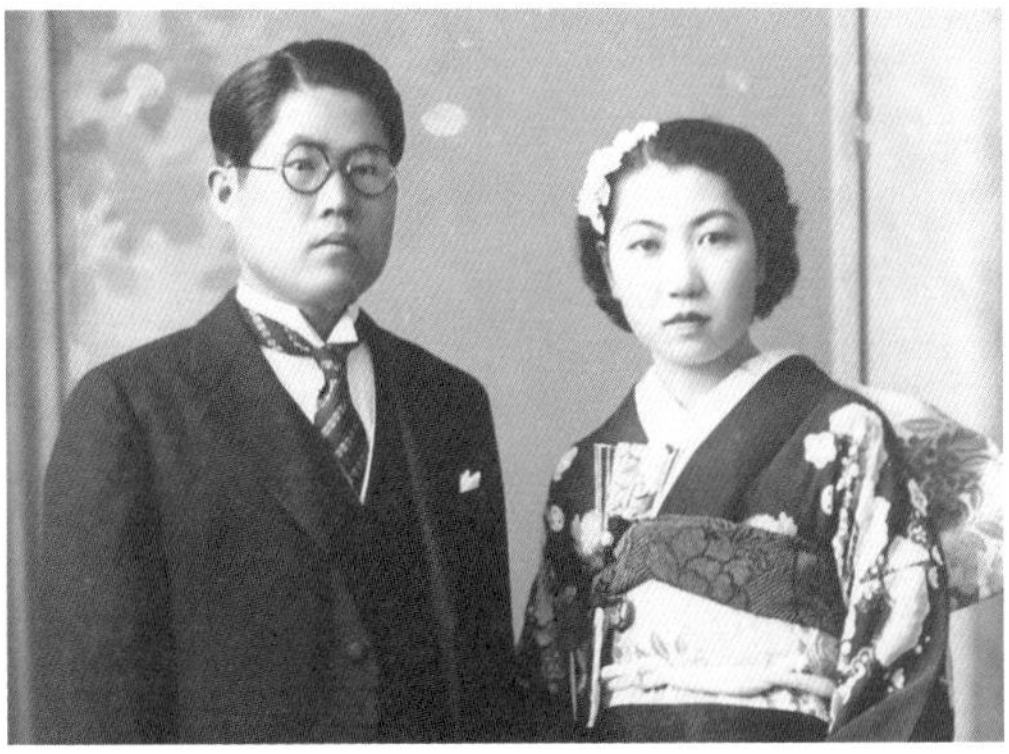

谷光秀夫と結婚（20歳）

昭和十三年（1938）二十歳

結婚、新婚生活へ

二十歳を迎えた母には見合い話もいくつか来るようになっていた。姉二人はすでに学校の先生（後に校長、教育委員長）、官吏（後に建設省、建設会社役員）に嫁いでいた。そうした中、夫となる私の父との橋渡しをしたのが、父の妹、母より一年下のクラスにいた子だった。彼女は家が遠いので学校の寄宿舎に入っていた。母が女学校四、五年生の頃、バレーボールに陸上にと花形だったので、お姉さま、お姉さまと憧れられて、ハンカチをもらったり、人形をプレゼントされたり、一方的だったが、いわゆるエスだと言われて騒がれた。母自身はスポーツウーマンだから、そんな甘い世界は嫌いだった。母が卒業した後も、彼女がどうしても、自分の兄のお嫁さんにと望んでくれ、相手側の母親も「どうぞお嫁に下さい」と見えられた。その後、母の家で見合いをし、母も相手の勤め先が東京だったので、都会への憧れと東京商科大学（現・一橋大学）卒が決め手となって縁談がまとまった。

結婚相手の谷光秀夫《たにみつひでお》は、同じ香川県出身で大学を出て住友金属工業勤務（後に検査役、関東特殊製鋼専務、公認会計士）の十一歳年上のサラリーマン。結婚式は四月二十七日、金毘羅《こんぴら》さんで行われた。ただ、母が思い描いていた式とはだ

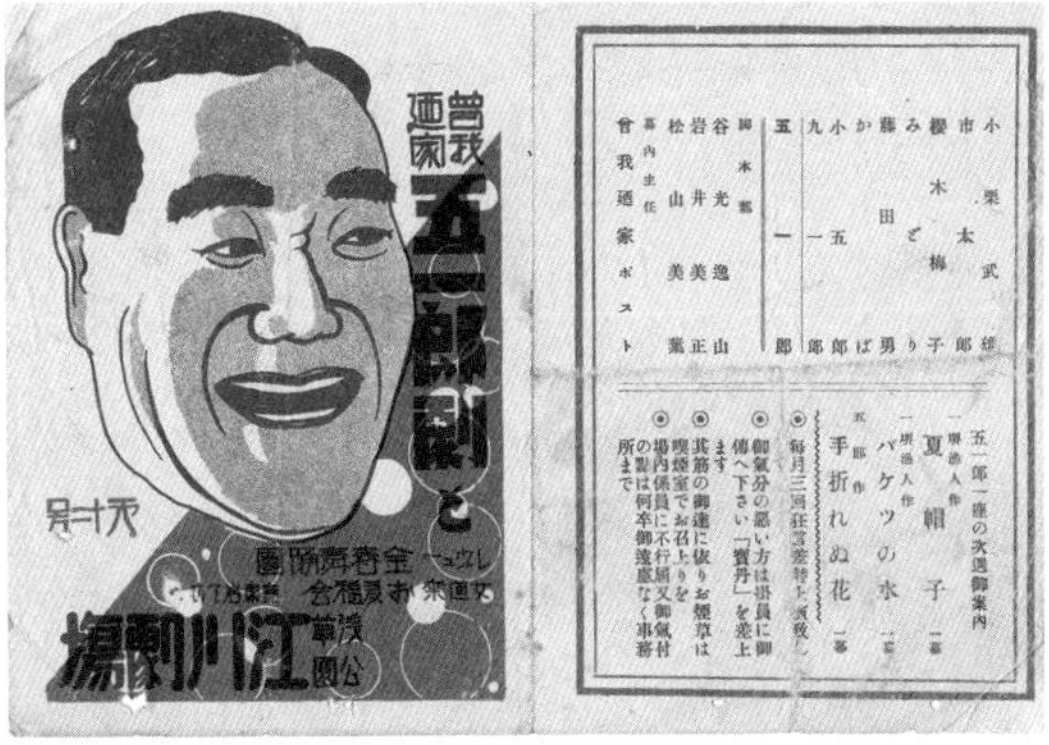

義父は喜劇役者の曾我廼家五一郎（谷光逸雄）

いぶかけ離れていたようだ。
この年から欠かさず日記を付け始める。

四月二十七日の日記

新しき人生の第一歩を踏みしめて、秀夫に嫁いできたこの日、夢に描いてきた華やかな結婚式も何のその、これが私の嫁入りかと思いながら驚く様な略式。琴平《ことひら》の松竹園で三々九度をすませて名古屋へ驀進《ばくしん》。名古屋着が夜の十二時、父上に初の対面。途中大阪でお兄さんが駅まで出て下さって、甘いチョコレートと美しい花束を下さる。あまりのうれしさに熱いものがこみ上げて来てお兄さんのお顔もはっきりと見ることが出来なかった。ありがとうお兄さま、私はきっと立派な秀夫の妻になって見せますと心の中で誓った。

秀夫は七人兄弟姉妹の四番目で次男。子沢山だったためか叔父さんにあたる谷光逸雄《たにみついつお》の養子となっていた。
逸雄は浅草で曾我廼家《そがのや》五一郎の名で一座を持ち、「笑いの王者」の肩書で、昭和初期に活躍した喜劇役者だった。その五一郎の、隅田川沿いの家の二階が新婚生活の部屋となった。

（映画『99歳 母と暮らせば』の中の母と私の会話）


母「そうそうそう、一階の床の下にひたひたひたと川の水が押し寄せて来とん。上には上がって来んようになっとるけど、船が着いてね」

「それは船着き場が地下にあったってこと？」

母「船着き場ったって、この家の板の間よ。横に水がひたひたひたと、上がって来ないね、あれどうしてやろ？」

「川の水が増えたら上がって来るでしょ」

母「ねぇ、どないなっとんか知らん」

「床に船が着くわけ？」

母「それで私も乗せてもらって釣りに行ったよ。それがおじいちゃんの趣味やがね、あっはっはっは」

「憧れの都会はどうだった？」

母「丸亀の片田舎から、そいなとこに突然嫁に行ったら、もう環境がえらい違うでしょ」

「浅草っていうと、もう当時の大都会？　歓楽街？」

母「そうやね」

「どういう感覚だったの？　丸亀の田舎に比べて」

母「いや、なんか知らんけども、私から見たら、ちょっと品のない長屋の寄合みたいなかったね」

「へぇー？　だって、いろいろ映画館があったり、劇場があったりとか、賑やかだったでしょ？」

母「映画館のある六区に行くのは、ちょっと距離があったけどね」

常にいろいろな役者や関係者が出入りして、芝居がはけると打ち上げの酒盛りも賑やかに行われたであろう浅草の暮らしは、まだ若い母には馴染めなかったようだ。

故郷からの荷物を待ち続ける母の日記。

荷物なかなか来ず。しきりと催促の手紙を出す。母いろいろと心配したらしく長い手紙来る。

有難き肉親の味しみじみと　受けて涙が頬を伝わる

人一度他家へ嫁いだその時は　心配かけぬが孝行の道

やさしくも又はげしくも認めし姉の手紙ぞ　ひしとせまりぬ

親しき友に通知出す。　昨日の曇った空も今日はからりと晴れて、真青なひろびろとした空。私の心も朗らかに、断然凄い勢いで、この千江坊を取りもどしました。

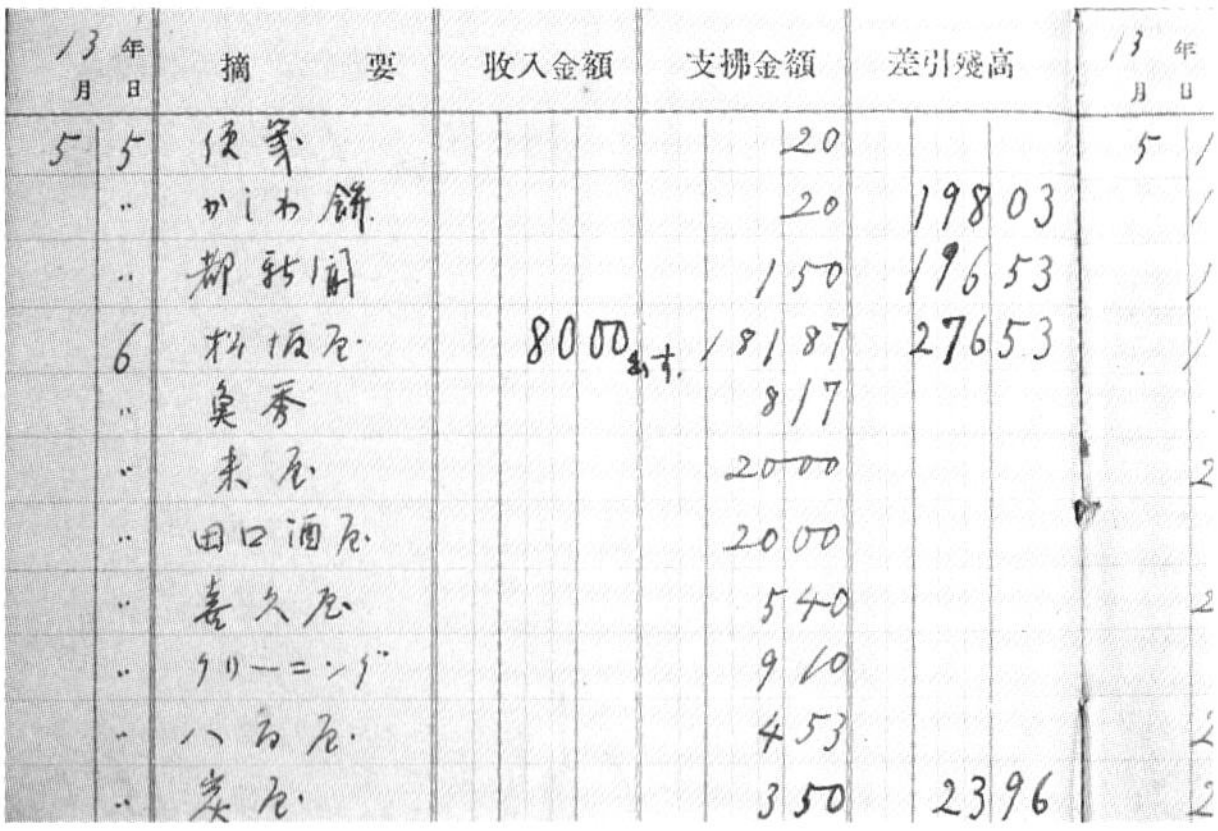

新婚後から付け始めた家計簿

日本晴れ、私の心も青空だ。　楽しき思いに心ときめく。

肉親の心配や優しい思いやりのたよりに励まされ、落ち込んでいた気持ちを払いのけて、本来の前向きな明るさを取り戻す生き方は、これからの長い人生を生き抜く力強い気質となって行ったと思う。

母は結婚当初から毎年几帳面に、家計簿も付け始めていた。

これは結婚間もない頃の数日の家計簿。

便箋20銭、かしわ餅20銭、都新聞1円50銭、魚秀8円17銭、米屋20円
酒屋20円、クリーニング9円10銭、八百屋4円53銭、炭屋3円50銭

などが見られる。

六月の給料日には、次のような記述がある。

ひねもす雑誌に読み耽《ふけ》る。今日もまた糠雨《ぬかあめ》が降り続く。秀夫の月給日とボーナス日なり。ボーナス496円もらってくる。封も切らずに持って帰って下さった袋を私は目頭を熱くしながら、おし頂く。

決して贅沢に走らず、お金のありがたさを日々感じながら、しっかり家計を守って生きて来た証は、几帳面な家計簿の毎月の集計記録からもうかがい知れる。

この年の八月一日、無謀にも富士登山を計画。新婚夫婦共に山登りは生まれて初めての経験。その時の模様を、八十三歳の時に作った『作品集』の中の自分史に記している。

早朝、浅間神社へお詣りして富士吉田から登り始める。二合目あたりで霧が深くなり、一メートル先も見えなくなって前途多難を感じる。四合目で宿をとる。先客の大学教授が学生七名連れた一団と狭い部屋でザコ寝する。一同二時に起きて再び登り始め、頂上で御来光を拝むべく学生たちは足早に登っていった。我々二人取り残されて、ゴロゴロ道を手探りでエッチラ、オッチラ、主人の方が先にばてしまい、私が手を引っ張ったり、腰を押したり、それでも漸く九合目で素晴らしい御来光を拝み、感激の至りだった。頂上に辿り着くと、大勢の人が拍手して迎えてくれたが、「六根清浄《ろっこんしょうじょう》、お山は晴天」と唱える白装束の人たちから、「よくまあ！　そんな軽装で」とあきれ返られた。その通り、今思えば無防備も甚だしい半そでのブラウスの上から寒い

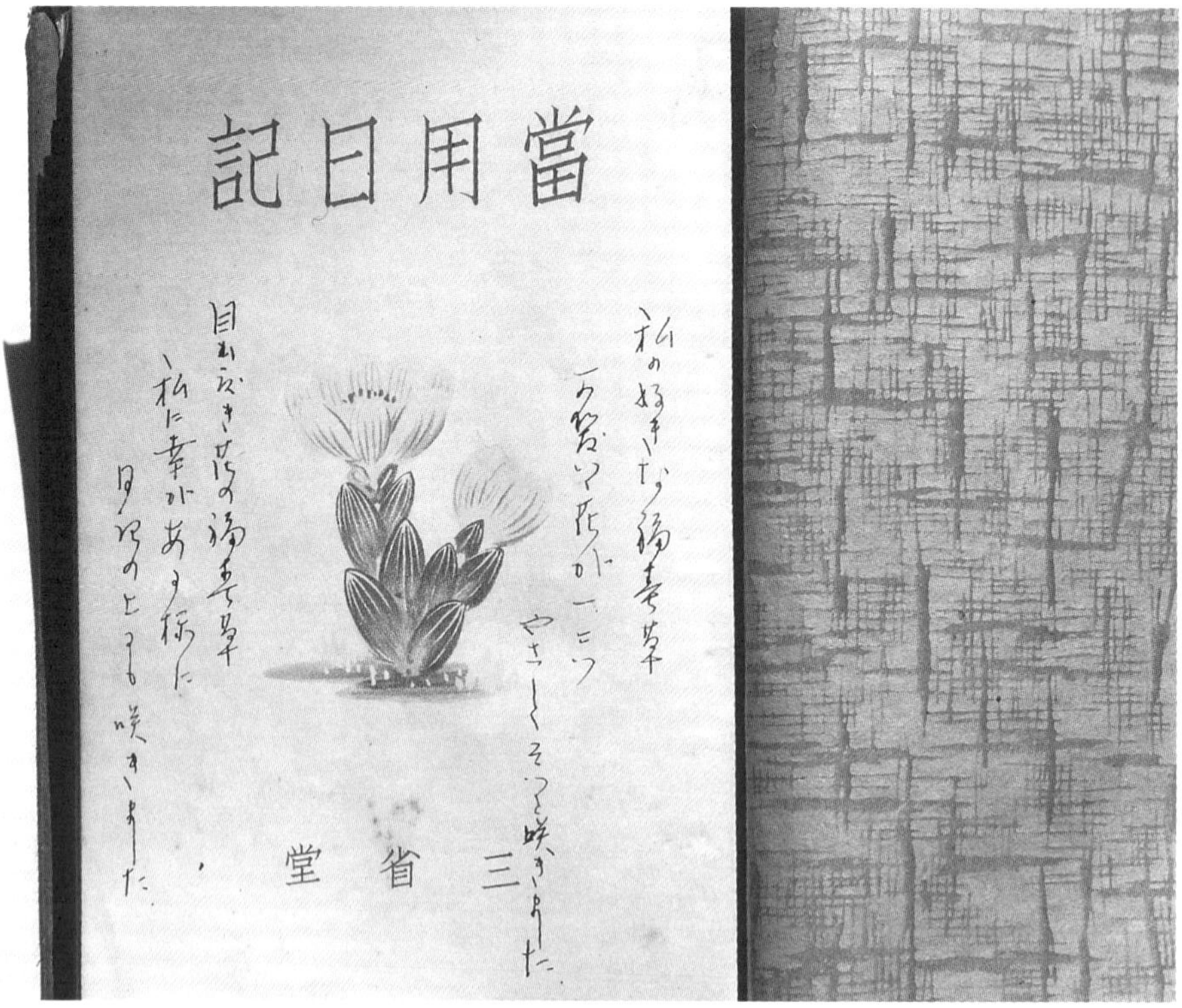

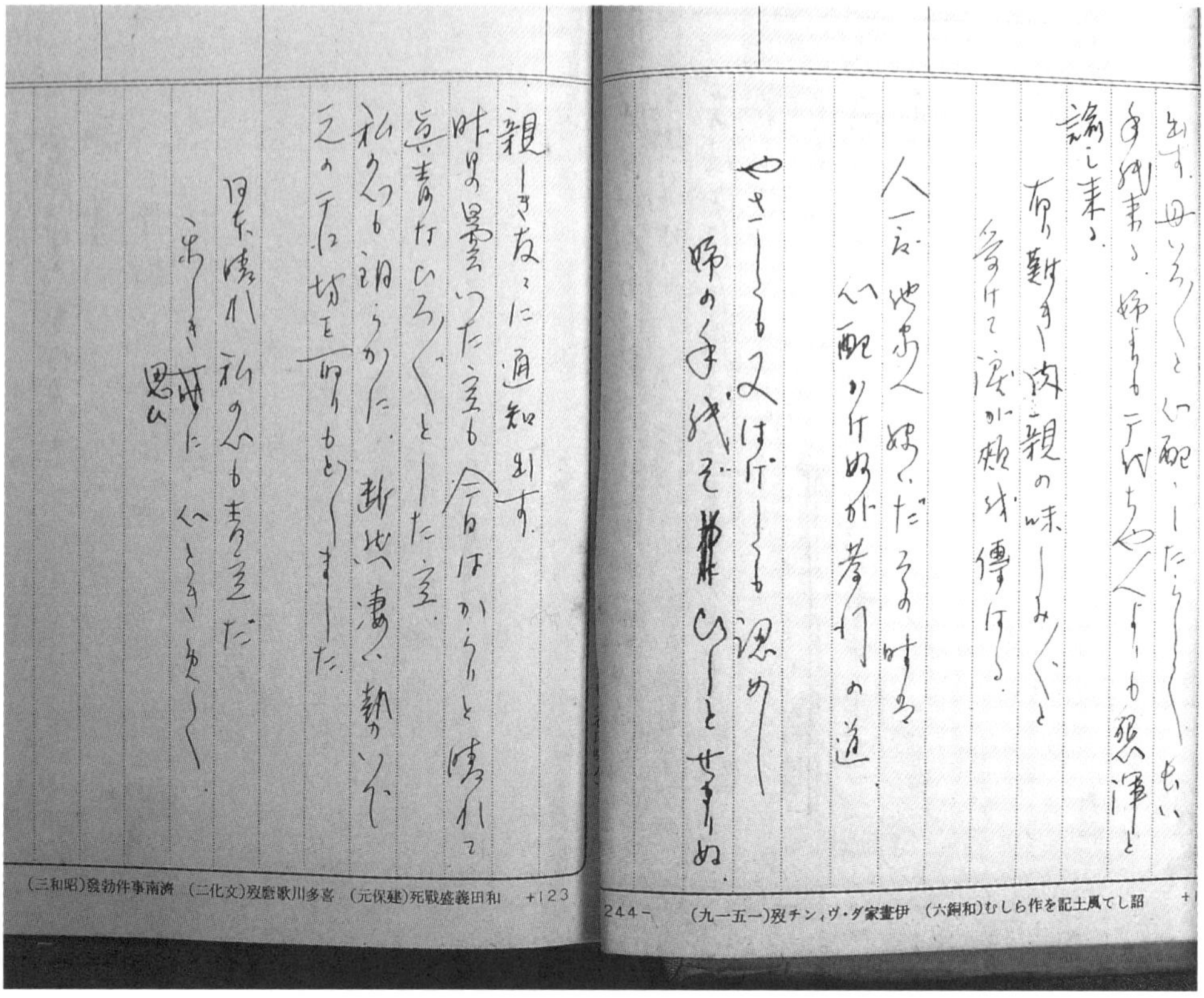

新婚後から付け始めた日記。99歳まで書き続けた

のでムシロを巻き付けていたのである。その時女性は私一人、とても恥ずかしかった。頂上の郵便局から実家や先生、友人にハガキを出した。今思えば、自分宛にも一枚出しておくべきだったとくやまれる。登り始めに買って、一合目、二合目と焼き印を押した金剛杖《こんごうづえ》も引越しばかりしたので今は姿を見ない。残念なことである。頂上でお鉢巡りをしてから下り始め、須走《すばしり》の何と大変だったことか。45度位の斜面を一度走り始めたらもう止まらない。死にものぐるいであった。足はガクガク、体中砂ぼこりで御殿場へ辿り着き、客待ちしていた馬車にゆられながら熱海へ行き、汚れた体を洗い流し、疲れを癒して一泊して帰った。若い若い日の苦しい楽しい思い出である。

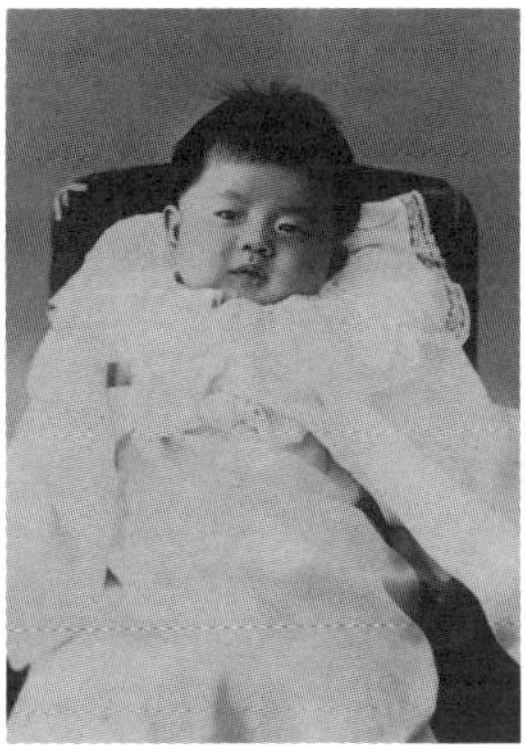

通子（長女）誕生

昭和十四年（1939）二十一歳

長女・通子《みちこ》誕生

この年、内務省が各地の招魂社を護国神社と改称。招魂社は郷土意識と結び付けて戦死者を祀る場所であったが、これにより東京都千代田区九段の靖國神社を頂点とする地方分社的な体系が出来上がった。

六月には国民精神総動員委員会が「早起励行」「報恩感謝」「節約貯蓄」などの生活刷新案を発表。これにより学生の長髪、パーマネントや、ネオンサインなどが禁止された。

九月一日、ドイツとスロバキア共和国がポーランドに侵攻、同月三日イギリスとフランスがドイツに宣戦布告し、第二次世界大戦が始まった。日本でも、厚生省が「産めよ殖やせよ国のため」などの兵力増強のスローガンを掲げるようになった。

この年に浅草から引っ越して大阪市東住吉区に住まいを移している。

長女・通子誕生前後の様子。

八月二十六日の日記
素晴らしき秋晴れの様なお天気。昨夜より少々お腹痛し。母主人のワイシャツ、下着類洗濯してくれる。午後八時非常にお腹痛し。神戸の姉、八時過ぎ来る。琴平の正則さん（秀夫の弟）弟と共に来る。

八月二十七日の日記
午前〇時二十分女児出生。〇〇〇量なり。パパになった秀夫君大いに活躍する。父母と中津（千江子の丸亀市の実家）姉、内田《ないでん》（秀夫の実家）へ電報打つ。それぞれすぐ返電あり。

九月五日の日記
代書に出生届書いてもらうが、まだ名前はっきり決まらず、あと四日で期日が切れるのに、しっかりしてよお父ちゃん。赤ちゃんよくおねんねする。おヘソから少し血が出て祖母心配して入浴をさける。出生届出す。通子と命名。

この後、同じ東住吉区で、当時長寿園と呼ばれていた住宅地へ引っ越す。長寿園は女優・山本富士子さんの実業家のおじいさんが開発した、中心部に児童公園がある高級住宅地。官吏の夫と結婚した母の姉が引っ越して、空いた家に移ることになったのだ。

九月二十八日の日記
朝七時トラックにて長寿園へ引っ越す。ゴッタ返して午後一同風呂にゆき、赤ちゃんも初めてお風呂へゆく。夕方ちょっと片付けし、主人は今日会社休む。

九月の家計簿
主人小遣い18円60銭、封筒10銭、電燈代2円47銭、銃後奉公費10銭、クリーニング1円5銭、引越し代7円65銭、豆腐と煮豆15銭、鯛62銭、八百屋59銭、散髪代（赤ちゃん）1円74銭

昭和十五年（1940）二十二歳

紀元二千六百年

朝日、大阪毎日、読売、同盟の新聞各社のニュース映画部門の統合により、「日本ニュース映画社」が設立され、国策の宣伝に利用されるようになる。新聞、ラジオと共に劇場で上映されるニュース映画は、国策に沿って都合よく編集された映像も含めて国民の意識をコントロールする重要な情報源となってゆく。日独伊三国同盟調印。ダンスホール閉鎖。「ぜいたくは敵だ！」（国民精神総動員本部が掲げたスローガン）。男性は国民服、女性はもんぺが奨励された。

一月七日の日記

天気よけれども風強し。（丸亀市）中津から荷物届きお土産を石川さん、中村さんに持ってゆく。中村さんよりアベカワ餅頂く。傷病将士慰問の集まり、主人風呂にゆき赤ん坊風邪で休む。六時夕食、焼き鯛に卵のすまし汁、大豆の醤油豆。

十一月十日の日記

輝く紀元二千六百年の祝典の時迎えて心地よき秋晴れの上天気である。六時半日の丸の国旗をかかげて主人ハイキングに送り出す。掃除をすませて後、お芋のホットケーキや小豆を煮て今晩は小豆ご飯なり。白菜や大根、小芋で小豆を合わしたラジオ料理作る。サバ焼いて野菜サラダ作る。

昭和十六年（1941）二十三歳

長男・賢《まさる》誕生

この年の一月、陸軍大臣東条英機《とうじょうひでき》が示達した戦陣訓の一つ「生きて虜囚《りょしゅう》の辱《はずかし》めを受けず、死して罪禍《ざいか》の汚名を残すこと勿《なか》れ」

こうした文句が兵士たちの心を縛り、各所の戦闘地での玉砕へと導いて行った。

十二月八日、真珠湾攻撃をきっかけに、日本はアメリカ、イギリスに宣戦布告し「太平洋戦争」が始まった。

小学校は国民学校に変わり、児童は「少国民《しょうこくみん》」と呼ばれるようになった。「進め一億火の玉だ」のスローガンが掲げられ、国全体が戦争遂行のための軍事態勢に覆われて行った。

十月三日の日記

朝日新聞 夕刊

帝國・米英に宣戰を布告す

西太平洋に戰鬪開始

布哇米艦隊航空兵力を痛爆

【大本營陸海軍部發表】（十二月八日午前六時）帝國陸海軍は今八日未明西太平洋において米英軍と戰鬪狀態に入れり

【大本營海軍部發表】（八日午後一時）

一、帝國海軍は本八日未明ハワイ方面の米國艦隊並に航空兵力に對し決死的大空襲を敢行せり

二、帝國海軍は本八日未明上海に於て英砲艦「ペトレル」を撃沈せり、米砲艦「ウエイキ」は同時刻我に降伏せり

三、帝國海軍は本八日未明新嘉坡を爆撃し大なる戰果を收めたり

四、帝國海軍は本八日早朝「ダバオ」「ウエーク」「グアム」の敵軍事施設を爆撃せり

宣戰の大詔渙發さる

【情報局發表八日十一時四十五分】只今アメリカ、英國に對する宣戰の大詔が發せられ、また同時に臨時議會召集の詔書が公布されました

詔書

天佑ヲ保有シ萬世一系ノ皇祚ヲ踐メル大日本帝國天皇ハ昭ニ忠誠勇武ナル汝有衆ニ示ス

朕茲ニ米國及英國ニ對シテ戰ヲ宣ス朕カ陸海將兵ハ全力ヲ奮テ交戰ニ從事シ朕カ百僚有司ハ勵精職務ヲ奉行シ朕カ衆庶ハ各々其ノ本分ヲ盡シ億兆一心國家ノ總力ヲ擧ケテ征戰ノ目的ヲ達成スルニ遺算ナカラムコトヲ期セヨ

抑々東亞ノ安定ヲ確保シ以テ世界ノ平和ニ寄與スルハ丕顯ナル皇祖考丕承ナル皇考ノ作述セル遠猷ニシテ朕カ拳々措カサル所而シテ列國トノ交誼ヲ篤クシ萬邦共榮ノ樂ヲ偕ニスルハ之亦帝國カ常ニ國交ノ要義ト爲ス所ナリ今ヤ不幸ニシテ米英兩國ト釁端ヲ開クニ至ル洵ニ已ムヲ得サルモノアリ豈朕カ志ナラムヤ中華民國政府曩ニ帝國ノ眞意ヲ解セス濫ニ事ヲ構ヘテ東亞ノ平和ヲ攪亂シ遂ニ帝國ヲシテ干戈ヲ執ルニ至ラシメ茲ニ四年有餘ヲ經タリ幸ニ國民政府更新スルアリ帝國ハ之ト善隣ノ誼ヲ結ヒ相提攜スルニ至レルモ重慶ニ殘存スル政權ハ米英ノ庇蔭ヲ恃ミテ兄弟尚未タ牆ニ相鬩クヲ悛メス米英兩國ハ殘存政權ヲ支援シテ東亞ノ禍亂ヲ助長シ平和ノ美名ニ匿レテ東洋制覇ノ非望ヲ逞ウセムトス剩ヘ與國ヲ誘ヒ帝國ノ周邊ニ於テ武備ヲ增強シテ我ニ挑戰シ更ニ帝國ノ平和的通商ニ有ラユル妨害ヲ與ヘ遂ニ經濟斷交ヲ敢テシ帝國ノ生存ニ重大ナル脅威ヲ加フ朕ハ政府ヲシテ事態ヲ平和ノ裡ニ囘復セシメムトシ隱忍久シキニ彌リタルモ彼ハ毫モ交讓ノ精神ナク徒ニ時局ノ解決ヲ遷延セシメテ此ノ間却ツテ益々經濟上軍事上ノ脅威ヲ增大シ以テ我ヲ屈從セシメムトス斯ノ如クニシテ推移セムカ東亞安定ニ關スル帝國積年ノ努力ハ悉ク水泡ニ歸シ帝國ノ存立亦正ニ危殆ニ瀕セリ事既ニ此ニ至ル帝國ハ今ヤ自存自衞ノ爲蹶然起ツテ一切ノ障礙ヲ破碎スルノ外ナキナリ

皇祖皇宗ノ神靈上ニ在リ朕ハ汝有衆ノ忠誠勇武ニ信倚シ祖宗ノ遺業ヲ恢弘シ速ニ禍根ヲ芟除シテ東亞永遠ノ平和ヲ確立シ以テ帝國ノ光榮ヲ保全セムコトヲ期ス

御名御璽

昭和十六年十二月八日

各國務大臣副署

社説

帝國の對米英宣戰

我海鷲、ハワイ爆撃

ホノルル沖で海戰展開

被害甚大 米軍發表

臨時議會を召集 詔書公布

詔書

朕軍國ノ急務ニ關シ帝國議會ノ協贊ヲ望ムモノアリ茲ニ帝國憲法第七條及第四十三條ニ依リ本年十二月十五日ヲ以テ臨時帝國議會ヲ東京ニ召集シ二日ヲ以テ會期ト爲スヘキコトヲ命ス

御名御璽

昭和十六年十二月八日

各國務大臣副署

米艦隊出動

【ブエノスアイレス特電七日發】

米輸送船に魚雷

比島、グアム島を空襲

グアム島大火災

【ブエノスアイレス特電七日發】

シンガポールも攻撃

【ブエノスアイレス特電七日發】

マレー半島に奇襲上陸

【大本營陸海軍部發表】（八日午前十一時五十分）わが軍は陸海緊密なる協同の下に本八日早朝マレー半島方面の奇襲上陸作戰を敢行し着々戰果を擴張中なり

香港攻撃を開始す

【大本營陸軍部發表】（八日午前十一時四十分）

樞府本會議開く

侵入英軍を撃攘 皇軍、泰の獨立守護

蘭印、帝國に宣戰布告

帝國政府聲明

45

昭和16年12月９日の朝日新聞夕刊

ハーモニカ練習本とメロディブック

素晴らしい秋晴れなり。おしめたくさん早く干して、母と姉、通子三人九時頃買い物に大丸へゆく。二時過ぎ帰宅。それより赤ん坊のお湯する。又盥《たらい》にウンコして困る。内田より松茸送り来る。今晩松茸ご飯にお肉のテキやキャベツと玉葱のいため、南瓜など。主人居残り八時半帰宅。

十二月八日の日記

天気よし。千代ちゃん（二番目の姉）洗濯す。私、母より送り来る大根を樽に漬け込む。小三十五本位にぬか三升、塩五合の割合なり。根本さんへ餞別もって伺う。

帝国はアメリカ、イギリスに宣戦布告をせり。お昼大根、人参、蒟蒻、芋など一緒に煮る。二時皆風呂へゆく。晩姉裁縫してくれる。和ちゃん（千江子の従妹）より手紙と写真送り来る。

日米開戦で太平洋戦争が始まっても、国民の大半は今まで通りの生活を淡々と送る日々を続けていた。女学校時代からハーモニカを吹いていた母は、暗くなりがちな日常の中でも『ハーモニカ上達の早道』などの本で腕を磨き、演奏を楽しみながら、少しでも戦争という重苦しい雰囲気を消し去る努力をしていたようだ。

昭和十七年〜十九年（１９４２〜４４）二十四歳〜二十六歳

戦時中の暮らし

昭和十七年四月十八日、米軍機による日本本土初空襲。東条英機内閣は翼賛政治体制を敷いて戦争完遂を主張、自由主義者や反戦を訴える者に激しい圧力を加えてゆく。

「欲しがりません勝つまでは」の標語や、愛国精神が薄い者を非難して「非国民」と呼ぶなど、戦争への協力を押し付けて行った。まさにウクライナを侵略し、身勝手な理由で戦争を続けるロシアが行っていることと同じ状況なのだ。ハマス殲滅《せんめつ》を叫んで罪もない子供を始め民間人を殺戮し続けるイスラエル。

第二次世界大戦の悲劇を経験したにもかかわらず、歴史を学ばない人間の愚行が続けられている。

米英からの外来語、カタカナ語は「敵性語」として排除され、野球では「ストライク」は「よし」、「ボール」は「一つ」、「アウト」は「ひけ」などと言い換えられた。

…………

昭和十七年一月八日の日記

私、八時半に出掛け、ヤマザワ写真で写真もらってしばらく御堂筋《みどうすじ》の観兵式の兵隊さんを見て大丸でいろいろ買い物、十一時帰宅。賢まだよくねんねしていた。午後、駒川商店街へ写真の引伸ばしたの見にゆき、風呂にゆく。帰りて母に手紙書いて写真送る。今晩きんぴら牛蒡《ごぼう》におたこなり。主人通子に蓄音機買って帰宅。通子のよろこび様一通りならず。

四月十八日の日記

天気よし、洗濯昼までかかる。用水樽に水を満たす。今日お魚あり。矢島さんで分け、ハモ、ブリ、ハツなどもらう。昼過ぎ初の空襲警報出て皆慌てて水道の水糸すじ程しか出ず、それでもいろいろと水を汲み置きしが敵機大阪へは現れず、東京、名古屋、神戸をやられし由、夕食早くして八時頃一同ねる。

四月二十五日の日記

晴れ、早く支度して九時前出掛け、そごうで冷蔵庫買う。「やぐら」でひるご飯におすし食べて歌舞伎座の地下で『父ありき』（注1）見る。帰りてすぐ風呂にゆく。六時主人帰宅。お酒の配給の六合もらって来る。お豆腐の配給もあり。

四月の家計簿

冷蔵庫91円、地下鉄20銭、映画1円、風呂36銭、町会費80銭、炭1俵2円75銭、卵35銭、肉40匁《もんめ》64銭

六月十二日の日記

天気よし。主人会社休む。畑へゆき三度豆植えて来てくれる。中津へ手紙書く。今日はフライ豆の配給あり。珍しくて主人と二人盛んに食べる。お昼過ぎ片付けて大鉄小劇場へゆく。『南から帰った人』（注2）と海軍兵学校の文化映画見てとてもよかった。帰りに名物食堂で洋食食べる。六時帰宅。ご飯炊いて風呂にゆき、帰りてお魚やいて三度豆のゴマよごし作る。蚊ものすごく多し。

銃後の生活もまだそれほど緊張感はなく、映画を見に行ったり、平穏な生活が続いている。

どんなに厳しい状況や環境に置かれても、可能な限り娯楽など非日常の体験をすることで、前向きな生活を送ることが出来ていたようだ。

昭和十七年六月のミッドウェー海戦における日本の空母四隻全滅をきっかけに、昭和十八年ガダルカナル島撤退、アッツ島で玉砕。消耗した兵力を補うた

めの学徒出陣で、十三万人といわれる学生が召集された。

昭和十八年三月十日（陸軍記念日）の日記

四時半に訓練空襲警報出る。主人ゲートル巻いてゆく。私もモンペにて過ごす。東京父に手紙書き五円送金する。賢も熱なくなり今日やっとお風呂があるのでゆく。雪チラチラして寒し。晩ぐじ（アマダイ）の味噌漬け焼き、味噌汁作る。神戸の姉より電話掛かって来る。

六月十三日の日記

天気よく暑し。朝食後茶簞笥《ちゃだんす》を外に出してダニを撲滅すべくネズミのふんを掃除する。午後ジャガイモの掃除やら畑へ人参取りにいったりして、クリーム和えする。夕方畑へさつま芋植えにゆく。茄子を取って帰る。石川さんより頂いたイチゴも庭へ植える。夕食後寄席聞いてねる。

七月二十四日の日記

五時半応召者の歓送にゆく。五人のご出征で実に盛大なり。帰ってみれば坊や起きていて下でまた寝せてお掃除する。お布団干して朝食後砂糖屋へゆく。帰途魚屋でエビ四百二十匁買い、西村さんに半分分ける。午後坊やねせてんぷらする。エビつぶしてお汁のだんごも作る。五時半風呂にゆく。帰って七時半夕食。主人見送りあり。八時半過ぎ帰宅。毎日終日忙しく何事も出来ず、何故こんなに忙しいのかしら？　日中は落ち着いて座るひまもなし。

出征兵の歓送や隣組による消火訓練などと食料事情が厳しくなって来る中、家事に追われる主婦のストレスも溜まって行く様子がうかがえる。

八月十三日の日記

天気よし。お米（米を蒸して乾燥させた保存食と思われる）とメリケンコ干す。松村さんのニワトリが部屋を横断して庭へ入りひと騒動する。お掃除の後靴磨きしてビール買いにゆき又醤油の配給にもゆき、魚屋をのぞくが何も残っていず、ジャガ芋も一人当たり八百匁の配給あり。坊やの寝た間にメリケンコやお米フルイにかける。雨降りだして大急ぎで片付ける。六時半主人帰宅。お砂糖の代用品会社より買って来る。今晩ジャガ芋煮て茄子のお味噌汁作りスルメ焼く。

八月の主な家計簿

クリーニング（国民服上着）1円56銭、米屋・米菓子4円56銭、ニシン19銭、イカ28銭、氷30銭、こんにゃく25銭、豆腐24銭、砂糖2斤70銭、風呂1円30銭、大鉄映画（劇場）75銭、婦人会貯金1円

十一月九日の日記

雨降りなり。昨晩夜中の一時頃主人が電灯つけていて警防団の見廻りに叱られて、それから三時間寝られず朝寝する。お掃除の後、主人の着物に掛《か》け衿《えり》かけてたたんで仕舞う。お魚ありて鯛とエビなり。午後お味噌買いに行ったり矢島さんに着物の縁袖に直してもらうのを頼みに行ったりする。夕食早く支度して鯛焼いてエビと玉葱を卵とじにし、ずいきと小芋煮る。晩、母に手紙書く。

十一月十二日の日記

天気よし。七時路上で寄合があり、防空演習についてのお話あり。八時より演習始まる。幾度も幾度も防空壕に入る。お芋ふかす。今日は一日中何も出来ず。今晩はライスカレーに菊菜の浸し。灯火管制がやかましいのでご飯はやくすます。

十一月二十八日の日記

主人会社お休みとる。朝内田母に手紙書く。主人メリケン粉焼いてくれる。ジャムつけて頂く。お菓子の配給あり。お魚もあり。メンコ鯛六匹なり。お昼頂いてすぐ大鉄地下へ『秘めたる覚悟』(注3)見にゆく。最近で一番良かったと思う。山田五十鈴と長谷川一夫なり。帰宅して中央会館へジフテリアの注射に子供たちつれてゆく。

十二月八日の日記

三度迎える大戦記念日。五時より婦人会と共に中井神社に必勝祈願する。まだ真っ暗なり。六時半主人出掛けて後、いろいろつづくりものする。風強く寒いけれど縁側には陽がいっぱいあたって暖かし。豆腐の配給あり午後坊や寝せて畑より人参とって来ておから煮る。六時半寒い寒いと主人帰宅。通子が初めてミチコと書いた。私のズボン洗濯する。

十二月十日の日記

主人休暇とって朝食後炭の空俵焼いてわら灰作る。加藤さんのマー子ちゃん肺炎とかで当番変わり別府さんのネーヤとおみかん分ける。午後家内中で松竹座へ『海軍』(注4)見にゆく。満員にて通子途中でお便所へ行った時、靴落として出て来ず。映画は最近の大傑作なり。帰って風呂にゆく。朝の当番のことや靴のことで気がムシャクシャして腹が立つ。

十二月二十日の日記
天気よし。朝は冷たし、着物着て坊やおんぶして公葬のお見送りにゆく。通子は静ちゃん（長姉の静子）と遊んでいる。帰って縁側で陽なたぼっこする。ひるおじや作る。午後衿なしジャケット裁ってから関東煮作る。六時半主人帰宅、ボーナス千三百円。七時兵隊の見送り西町会へ矢島さんとゆく。

昭和十九年インパール作戦の失敗、サイパンでは守備部隊三千人が「バンザイ突撃」で玉砕。八月には閣議で「一億国民総武装」が決定され、竹槍訓練が開始された。また、「女子挺身勤労令《じょしていしんきんろうれい》」によって未婚で無職の女性が駆り出され、一年間の勤労奉仕が義務付けられた。

十月には神風特別攻撃隊が出撃を開始。生還を期さない攻撃方法で海軍が四百四十機、陸軍が四百機、無謀な戦術で多くの若者が海の藻屑と消えて行った。

追い詰められて行く日本。その中で国民はどのような生活を強いられていたのだろうか？　また、日常生活のどんなところで安らぎや喜びを感じていたのだろうか？

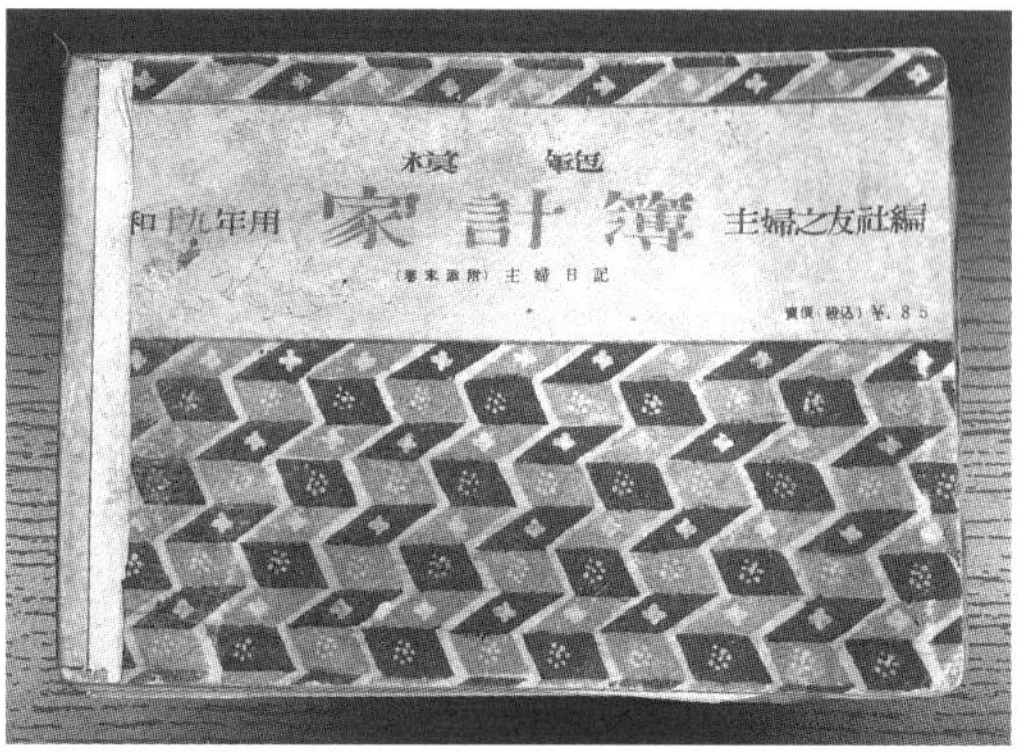

昭和19年の家計簿兼主婦日記

昭和十九年五月七日の日記

天気よし。洗濯して公園へ小芋植え、郵便局へゆきて昌平さん（従兄）赤ちゃんのお祝い五円送る。池掘りの勤労奉仕の人たちにお米一合又は二合出し合っておにぎり作ってあげる由。西村さんと馬糞拾って歩く。午後お掃除する。土手へ土取りにゆき、ついでに少し耕して来る。門の内側へ生姜植える。五時夕食後風呂にゆき、畑に水やりにゆく。

七月四日の日記

天気よし。主人会社休んで防空壕深く広く掘る。十時過ぎ警報鳴り出し皆真剣に用意する。私もリュックつめたり、服装をととのえる。主人も会社へ出掛けてゆく。果汁酒コップ半杯位の配給あり。風呂屋ずっとお休みにてガスが出るのでお湯沸かして母子三人行水する。あとのお湯で洗濯する。主人帰宅、防空用の電球配給あり。

十一月八日の日記（大詔《たいしょう》奉戴日《ほうたいび》＝太平洋戦争完遂のための翼賛の一環として昭和十七年から毎月八日に終戦まで実施された国民運動）

曇りなり。ズボンのつぎあてしていて九時より警報が出てやっと間に合う訓練にて防毒ガスマスクもつける。十一時訓練終了。午後は内田へ手紙書く。

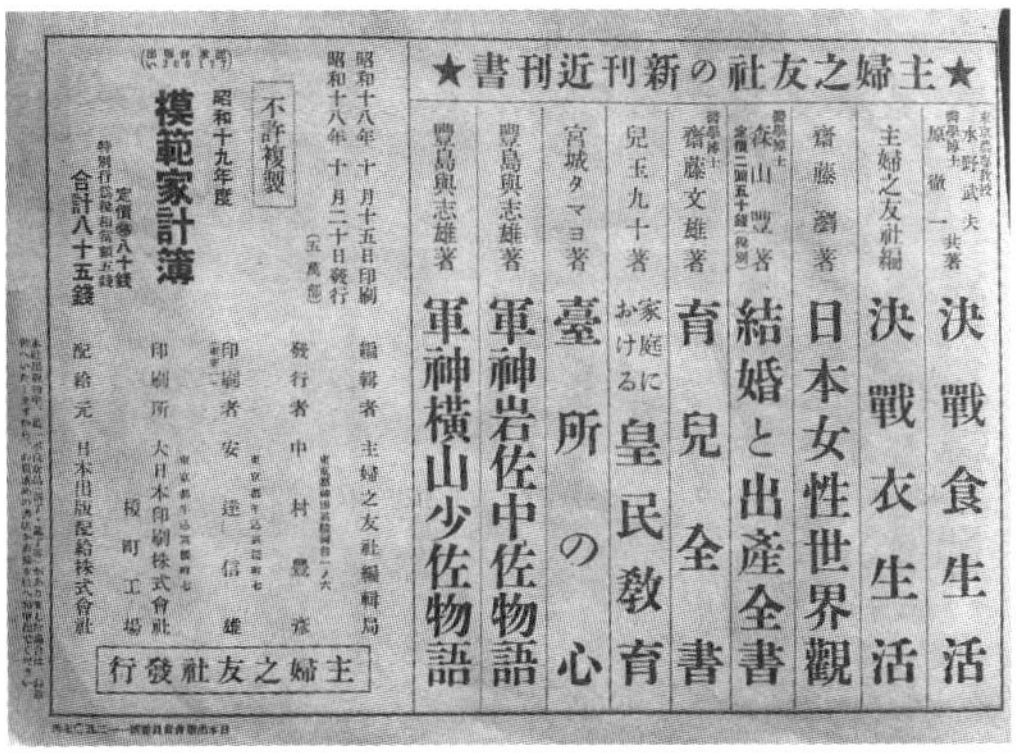
★主婦之友社の新刊近刊書★

東京農業教授 水野武夫 醫學博士 原徹一 共著　決戰食生活

主婦之友社編　決戰衣生活

齋藤劉著　日本女性世界觀

醫學博士 森山豐著 定價二圓五十錢（稅別）　結婚と出産全書

醫學博士 齋藤文雄著　育兒全書

兒玉九十著　家庭における皇民教育

宮城タマヨ著　臺所の心

豐島與志雄著　軍神岩佐中佐物語

豐島與志雄著　軍神横山少佐物語

昭和十八年十月十五日印刷
昭和十八年十月二十日發行（五萬部）

不許複製

昭和十九年度
模範家計簿
定價金八十錢
特別行爲稅相當額五錢
合計八十五錢

編輯者　主婦之友社編輯局
發行者　中村豊彦
印刷者　安達信雄
印刷所　大日本印刷株式會社　榎町工場
配給元　日本出版配給株式會社

主婦之友社發行

昭和19年家計簿の新刊書広告と裏表紙

午後から雨降り出し寒くなる。別府さん二階のお花見に来て下さり少し話して帰らる。晩ずいきの皮むきに時間取られ夕食おそくなる。

十一月二十七日の日記

曇りなり。朝、大阪貯蓄へ百円入れてくる。主人公休日なれど調べもののため八時頃出勤す。お掃除して毛糸玉やらパンツ洗濯して午後警報出てすぐ空襲警報になり壕に畳持ち出していささかあわてる。しばらくして解除となる。東京は又相当やられたらしい。

十二月十六日の日記

主人休んで庭に防空壕掘りにかかるが、一尺程掘ると水が出て駄目なり。主人散髪して来て午後大鉄へ『陸軍』（注5）見にゆく。よかった。五時帰宅。今晩は純粋（？）のご飯たいて主人が手打ちうどんのみそ汁作ってくれる。皆はやく寝る。

十二月の家計簿

たばこ2円50銭、風呂20銭、足袋1円4銭、パン20銭、米屋3円50銭、メリケン粉90銭、ビール1円35銭、水道代1円40銭、電燈代8円4銭、ブリ1

……切れ5銭、みかん3ケ10銭

四

終戦・災害・甲子園時代・田中千代服装学園

戦後復興期（昭和二十年～三十一年）二十七歳～三十八歳

昭和二十年（1945）二十七歳

終戦、次男・章《あきら》誕生

この年、三月十日を始め東京大空襲によって爆撃被災者約三百十万人、死者十一万五千人以上。四月一日米軍による沖縄本島上陸。八月六日広島、九日長崎に原爆が投下される。

八月十五日、日本が無条件降伏をして漸く第二次世界大戦が終結した。

一月三日の日記

晴れ。少々寝坊して七時主人あわてて出勤。朝のお掃除をすませてお炬燵《こた》を作りあたって新聞を読む。だんだん眠くなってお枕出して本調子で寝てしまう。坊やもいつの間にか横へ入って来て寝ていた。昼ご飯お漬物出してお茶沸かして通子と二人で食べている時警戒警報のサイレン鳴り出し、すぐいろいろ用意する。間もなく空襲警報となり高射砲も打ち出すし、いくつかの編隊が大阪へ侵入して、その中の九機をはっきりと眺めることが出来た。四時頃解除となる。ガスでご飯たいておいて風呂へゆく。股《もも》ケ《が》池《いけ》（南海平野線《なんかいひらのせん》）へ焼夷弾が落ち火事になりたる由。今晩みそ汁にうどんお餅など入れたお汁作る。夕飯を頂いていると長谷川さん見え、バターやラード、にわとりのガラなど持って来てくれる。七時過ぎ主人帰宅、火起こしてガラでお出し出しておく。お炬燵にあたって新春家庭音楽会を聞く。なぞなぞもあり一、宝石などは大きい程高いが、小さい程高いものがある、なんでせう？　二、私がすわっているとほめられ、立っているときらわれます。私は何でせう？　三、陣中のお正月で故郷で和尚さんをしていた人と、神主をしていた人が相撲をとりました。どちらの勝でせうか？　答え　一、飛行機　二、腹がすわっていること　三、お正月（和尚勝つ）。

戦時中でもご近所との交流は続いていた。人との付き合いを多く持ち、ちょっとした日常会話を交わす。また、家族でラジオ番組を楽しむことでストレスの解消を図っていたようだ。

一月五日の日記

昨晩も又十一時過ぎサイレンに起こされてしまう。間もなく解除となり安心してねる。六時半主人出勤。朝食後お掃除していたら又も警報出てこれ又間もなく解除。パンツ洗濯してねじ干しにする。藤本さん服の代価もって来る。おみかん三ケ特配あり。玉葱にヌカの古いのをやりにゆき、ついでにゴミ捨てて赤土の畑よりカブと水菜とって来る。お米屋へパンとりにゆく。肉屋は今日お休みなり。今晩はお雑煮して水菜煮る。七時主人帰宅。夕食後中野さんへ将棋さしにゆく。私お炬燵でラヂオのワカナと一郎（ミスワカナ・玉松一郎）の万才《まんざい》聞く。風強く戸障子ガタガタ云う。主人住友金属本店より美味しい洋菓子三ケもらって来る。

一月十九日の日記

上天気。主人を送り出してお炬燵子供たちに作ってやり、私ガスの出ている間にお湯沸かして洗濯し、毛糸のほどいたのもお湯につけてしわ伸ばす。桑野へソースとジャム買いにゆくが、ジャムのびんが違っていて又取りに帰る。午前中敵機が偵察に来ていると中部軍情報なり。炬燵にあたって雑巾縫い後掃除する。午後イカの配給あり。一時過ぎ警報出る。すぐ空襲となりて大阪へも相当敵機が来た。その中の八機編隊が通ってゆくのを庭から子供たちと眺める。四時前解除となる。ご飯も早く炊きイカ煮ておいて風呂にゆく。今晩主人泊りにて五時夕食。昨晩と今朝明け方二度も空襲警報が出たそうであるが、家内中知らずに寝ていた。よくよくの寝坊なり。

三月十四日の日記

午前〇時より三時過ぎまで大阪地区へＢ29大編隊で来襲、大阪の町は焼け

昭和20年３月14日のB29大編隊による大阪地区爆撃を伝える記事

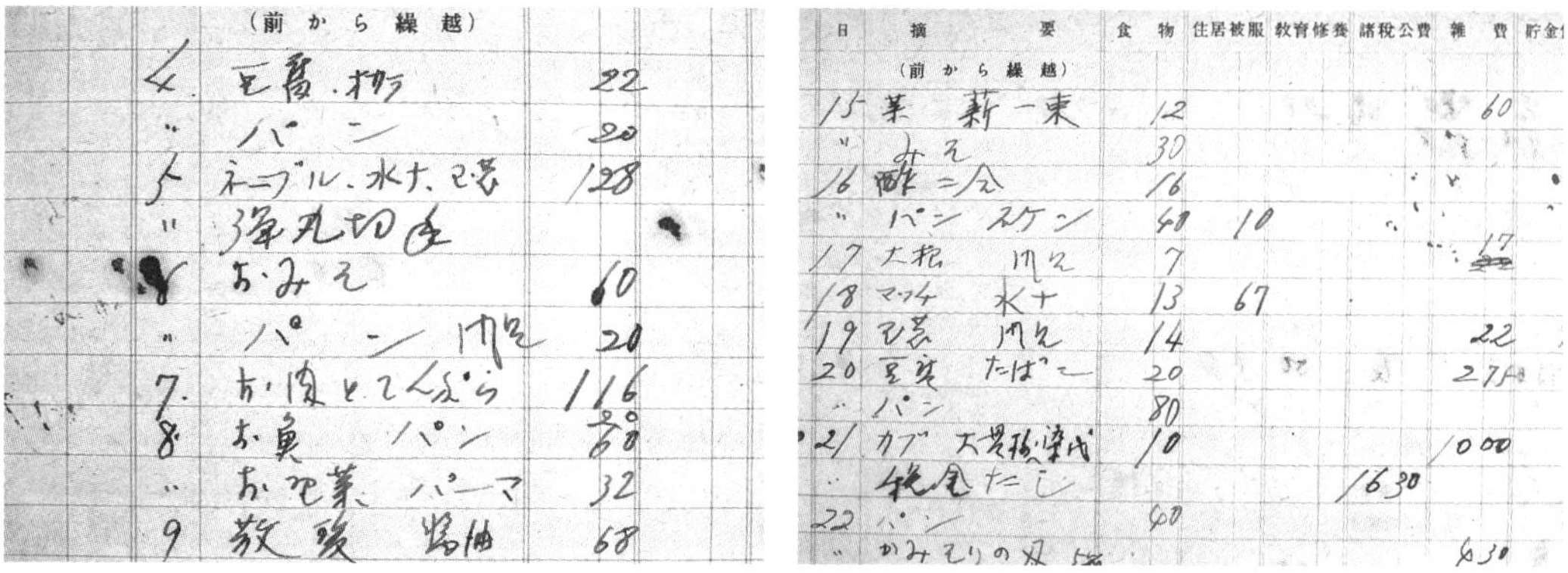

昭和20年３月の家計簿の一部

野原となる。約千米の低空を飛び廻り、焼夷弾のため大火災となり昼をあざむくばかりの明るさなり。私共も荷物をまとめてイザにそなえ生きた心地なし。おそろしい夜はあける。朝の汽車で出勤の主人、通子平野線が動いておらず丸亀に帰国出来ず睡眠不足なので主人と共に十時ごろまでねる。それから起きて衣類を行李につめて荷作りし夕方までかかって完了する。平野線終日動かず七時過ぎチリンチリン鳴りこの隣組より敷布団を一枚出すことになり、くじを引く。三好さんが当たる。大鉄、大丸、髙島屋皆焼けた由。主人、通子はやくねる。私坊やにかきもち焼いてやって母に手紙かきねる。

三月十七日の日記

晴れ、寒し。今朝二時半頃よりB29六十機神戸に来襲。大きな火災が起こったらしく、火の手がものすごくあがっていた。大阪へも焼夷弾を落とすかもしれないので四時過ぎまで起きている。お腹がすいておにぎり作って坊やと食べる。朝は九時過ぎまで寝坊する。朝食後坊やつれて区役所へ行き疎開手続き済ませ駅の運送屋へゆき田辺の運送屋を紹介してもらい、すぐその足で田辺の運送屋へたのみにゆく。あした見積もりに来てくれる由、安心する。お掃除して坊や連れて分葱《わけぎ》抜きにゆく。今晩ねぎ干しとねぎのみそ汁で頂く。山本さんズボンの型紙借りに来る。中野さんホーレン草くれと云って来る。

章のベビーブック

三月の家計簿

薪一束12銭、みそ30銭、大根7銭、チリ紙40銭、米5円、いか62銭、たら60銭、新聞2か月分3円、、醤油68銭

大阪も空襲が激しくなってきたので、母たちは故郷の丸亀に疎開することになる。

終戦前後の日記は見当たらなかったが、私のベビーブック代用として2L判の小型のノートブックが残されていた。

章のベビーブック

十月九日

南向きの暖かい六畳の部屋が産室にあてられたが、当日は朝から暴風雨で午後陣痛があり出したので、少し早めに姉に産婆さんを呼んできてもらう。産婆さんが見えてからも大した陣痛でもなくウトウトと少し昼寝したり、衿カバー裁って縫う。夕食を家族一同と産婆さんまじえて頂き、この頃より嵐ひどく陣痛もやや強くなって来る。お産にはまだ間があると云うので早めに皆ねる。晩十一時頃より猛烈に陣痛起こり、午前一時出産せり。その後も嵐益々ひどく、産室に雨もりがして来て、寝せてある赤ん坊の頭に蚊帳《かや》を通し

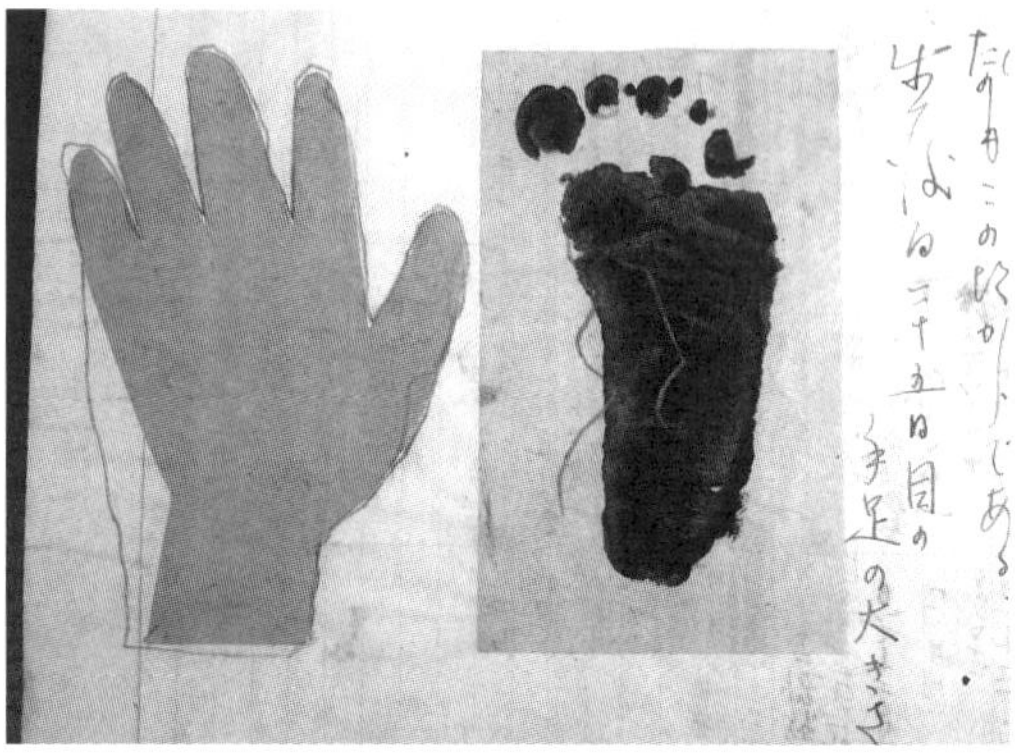

章の生後25日目の手形・足形

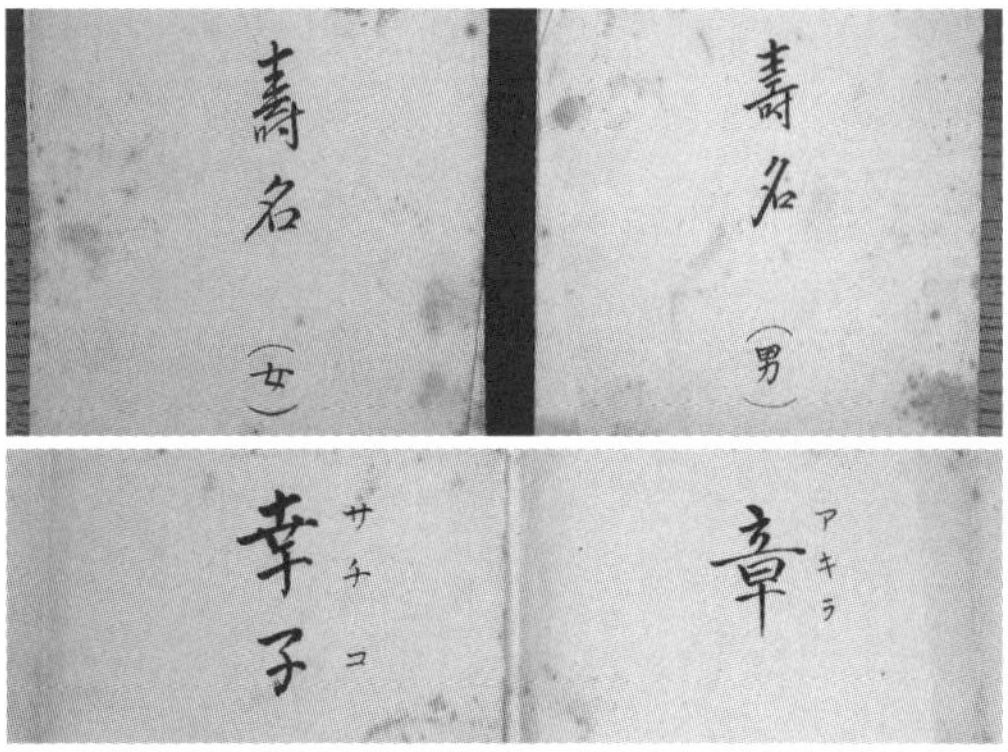

女に生まれてきたら「幸子」だった

てポツリポツリと落ちて来て大騒ぎなり。又出産後しばらく停電したりしてお産の最中に停電にならなくてよかったと申したことなり。

出産後、母は自作の歌詞を残してくれている。

「みどり子の歌」

一、冬のさなかに生まれたけれど
この子日増しによく太る
ひどいあらしに破れた窓を
たたく雪にもリンゴの頬は
紅くほんのりもう笑ふ

二、やけた土にも南風《みなみ》が吹けば
父は希望のくわ振り上げる
汗の手のひらそのまま寄せて
指をにぎらす血のあたたかさ
この子萌え出る芽のような

三、真夏真昼のそよ風さやか
木陰ひととき乳ふくませる

昭和21年疎開地でのお正月
左から筆者（章）、
長女・通子、長男・賢

母のおもひはいつまでも
二度とあれないお国の園に
この子あかるく咲く様に

四、みのり間近ないなほの波よ
ほめて歩くも子を抱きながら
心ゆたかなたわむれごとに
草に這わせてみる足の裏
この子立つ日はもう近い

昭和二十一年（1946）二十八歳
戦時生活から解放され映画を楽しむ

戦争も終わり、まだ疎開先の丸亀に居残る母の暮らしも落ち着いて来ていた。

一月十九日の日記
天気よし。戦地から孝一（隅家の従兄）も帰って来る。起きるとすぐに支度して七時半家を出てパーマかけに行く。大分待たされて二時半帰宅。赤ん坊お姉さんがおんぶしていいてくれた。晩雑炊、孝一さんと叔母さん二人遊びに来てトランプや麻雀して十一時皆帰宅す。

二月十三日の日記

お掃除して後、母と肥を担いで畑にやる。姉クリームや油買いにゆく。午後母、祖母と映画にゆく（『檜舞台』（注6））私、下駄の修繕や鼻緒たて、姉煙草まき。晩足袋のつぎする。

この頃の一番の娯楽はラジオか映画。

母は子供たちがまだ小さかった（通子六歳、賢四歳、章四か月）にもかかわらず、実によく映画や舞台を見に行っている。

「人生は本当に好きなことを見つける旅である」と言った人がいたが、自分の楽しみには家庭を留守にしても貪欲に行動する母だった。

この年見た映画や演劇

一月十五日『愛染かつら』（注7）　三十一日『結婚の生態』（注8）

二月三日『東京五人男』（注9）　七日『婚約三羽烏』（注10）

　十三日『檜舞台』　二十三日『わが母の書』（注11）

三月二十三日丸亀劇場へ

四月二十三日『ユーコンの叫び』(注12)
二十九日『女生徒と教師』(注13)　三十日『娘時代』(注14)
五月二日逢来館へ『松平晃』実演　二十日帝国館へ
二十五日逢来館へ『ミスワカナの漫才』
六月八日『春の序曲』(注15)　十二日丸女へ『藤原義江』聞く
十四日『女性の勝利』(注16)　二十一日『元気で行かうよ』(注17)
二十八日『人妻椿』(注18)
七月一日『キュリー夫人』(注19)　十七日『母の曲』(注20)
八月十三日『僕の父さん』(注21)　二十八日『或る夜の殿様』(注22)
三十一日『禁男の家』(注23)
九月一日『カサブランカ』(注24)
十月二十七日大劇『秋のおどり』
十二月四日『のんきな父さん』(注25)　五日『緑のそよ風』(注26)
十五日『肉体と幻想』(注27)

九月二十三日、昭和二十年三月からの疎開生活を切り上げて、一年半ぶりに大阪に戻ることとなった。

この日の日記

朝七時五十九分発で丸亀出発。野坂一家、祖母、笠井さん、吉川さんの見送りを受ける。昭ちゃん（中川家の従弟）に宇野まで送ってもらう。十八時半主人に迎えられて大阪着。津島さんよりお赤飯にいろいろご馳走そえて持って来て頂く。

大阪市此花区島屋町《このはなくしまやちょう》にある住友金属の二階建ての社宅での生活が始まった。

十月三十一日の日記

朝母に手紙かく。六、七歳にジャムの配給あり学校にもらいにゆく。帰りて洗濯する。午後お掃除、三時頃より雨降り出す。

十一月一日の日記

赤ん坊おいて区役所へいって来る。ミルクとお砂糖もらって来る。午後から皆で出掛けて梅田新道で銀シャリ付ウナギ食べて帰る。父（五一郎）五百五十円払う。

十一月二日の日記

朝、ビールお隣の奥さん取りにいってくれる。私は町会へご用聞きにゆく。帰りに裏の方で釣りのエサ（ゴカイ）掘る。ひる主人帰宅、通子散髪、父、主人、賢魚釣り。私阪急へ釣竿買いに行く。

十一月八日の日記

曇り、通子学校お休みなり。お客様のお布団を仕舞って二階お掃除する。町会へ連絡にゆく。帰りてお芋ふかす。午後椅子の修理して大根洗う。今晩だんご汁。私は子供の奴隷だ。つかれたのか眠い。

毎日の家事や用事に追われる中、だいぶストレスが溜まって来ているようだ。

昭和22年の
小さな日記帳

昭和二十二年（１９４７）二十九歳

通子の友だち水死、マフラー紛失

前年からこの年にかけて、新聞の見出しの横書きが左書きになる。教育基本法・学校教育法が公布され義務教育（６・３制）、男女共学が規定された。

浅草にストリップ劇場「浅草ロック座」がオープン。笠置《かさぎ》シヅ子の『東京ブギウギ』が流行した。

昭和二十二年から二十四年は復員兵が日常生活を取り戻し、毎年二百七十万人前後が誕生するベビーブームとなった。後にこの世代を堺屋《さかいや》太一《たいち》が団塊《だんかい》の世代と名付けた。

この年も縦九㎝×横六㎝の小さな手帳に、鉛筆で几帳面に毎日日記を書いている。

後年主な出来事を一覧にまとめていた。

一月二日、大手町会館で映画『ゴーイングマイウェイ』（注28）、夕刻母とつねちゃん（従弟・中川幸夫、後に世界的な前衛華道家となる）来る。八日、福島の映画館へ。九日、放送で自分の声聞く。（暮れに心斎橋でＮＨＫの街頭録音を受ける）
二月二日、長谷川一夫の実演見る。九日、『東宝ショウボート』見に行く。十一日、梅田シネマで西洋の喜劇
三月五日、マンガ大会。十二日、『四つの恋の物語』（注29）。十六日、大劇『春のおどり』
十七日、梅田地下『今宵妻となりぬ』（注30）
四月十三日、宝塚ゆき

五月一日、天保山より船にて帰国。丸亀へ夜十一時着き駅前旅館で泊まる。四日、法事なり。六日、内田（秀夫の実家）ゆき七日丸亀へ帰る。十日船で帰阪、十二時間かかる。十五日、十一時発の大衆丸で帰国。十七日、内田へお嫁さん来る。二十一日、昌平さん切符買ってくれて丸亀より帰阪、主人・通子迎えに来てた。二十三日、通子の下着にシラミがわき取る。

六月五日、天皇陛下奉迎のため此花区酉島《とりしま》へゆく。十六日、梅田で映画見る。

七月十五日、映画にゆく。十九日、朝日ビルで映画見る。二十四日、『戦争と平和』（注31）

二十六日、朝日会館へ映画見にゆく。三十一日、『今ひとたびの』（注32）

八月四日の日記　大事件が起こる

洗濯、お掃除の後、通子の着物縫うべくモスを広げていたら京子ちゃんと通子がおぼれた由、とんでゆく。京子ちゃんはとうとう死んでしまう。通子苦しい苦しいと云って一同心配する。

八月五日の日記

京子ちゃんのお葬式の日にてお手伝いにゆく。通子はもう元気に起きて遊ぶ。午後二時お葬式出る。食事少しよばれる。風呂炊いて主人と茄子に水やる。

長い生涯の中で、どんな災難、不幸が降りかかるか分からない。そういう時はなるべく平常心を維持し、落ち着いて最良の対処法を考えることが大切だ。母は相当心に痛手を負ったと思われるが、好きな映画を見るなどして気分転換を図り、悲劇を抱え込まずに乗り越えていったようだ。

八月十日、朝日ビルで『素晴らしき日曜日』（注33）。十五日、OSで『心の旅路』（注34）。十七日、臨時列車二十時二十三分で家内中帰国。二十四日、夜汽車で帰阪する。

九月十二日、賢六歳でまだ寝小便する。二十七日、『こころ　月の如く』（注35）

十月二日、『愛よ星と共に』（注36）。十二日、帰国。十五日、お祭り。母とつねちゃん大阪に発つ。二十八日、ステーションシネマで母と映画見る。二十九日、主人、母と帰国。

十一月三日、朝日ビル『緑の小筐《こばこ》』（注37）、主人夜帰阪す。六日、主人、業務部副代理になる。十一日、中津より兄、姉、武（姉の次男）来る。十四日、ステーションシネマで姉と映画見る。十五日、大劇で『秋のおどり』。十六日、

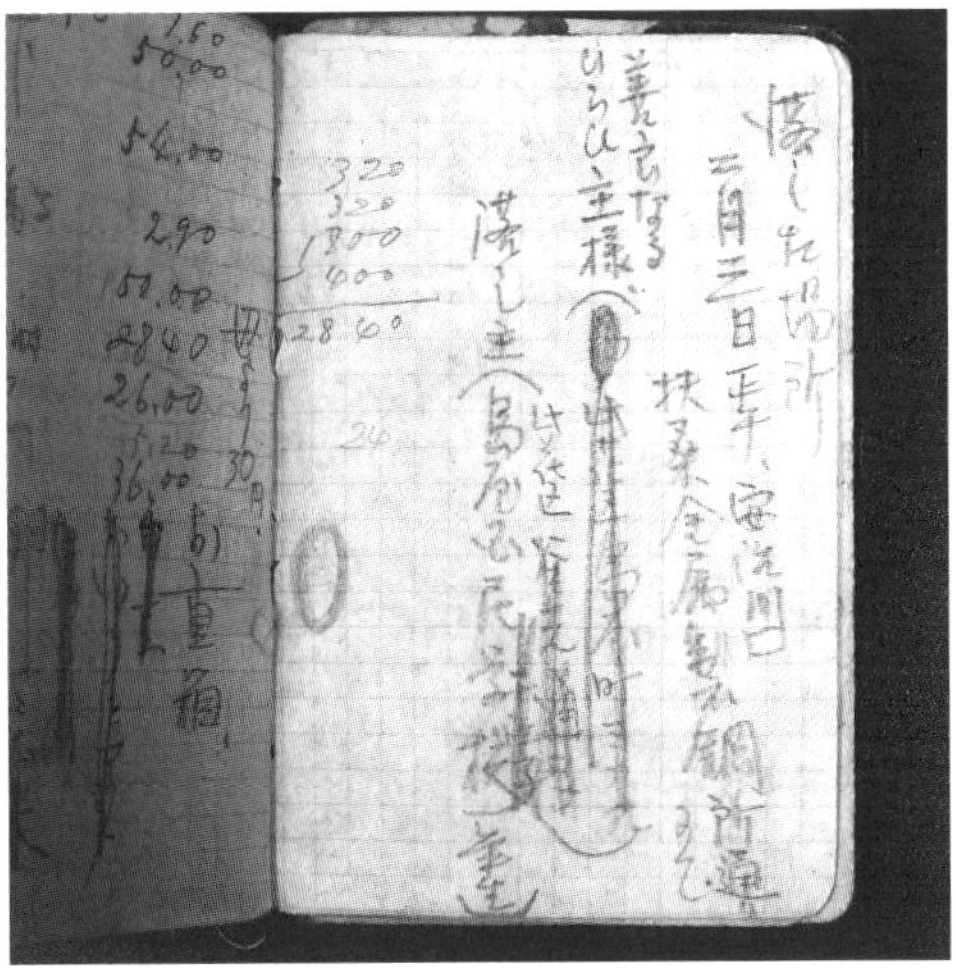

「落した場所
善良なるひらひ主様
落し主」
（島屋国民学校一年生）

中津三人帰国する。

十二月四日、東京より両親（五一郎夫婦）移り住んで来る。十六日、主人と母と三人で文東座へ。二十日、大鹿さん正宗2本もって見える。

二十三日、ボラ五匹持って大鹿さんへカストリ（酒粕を発酵させ蒸留したもの）頂きにゆく。二十五日、中央公会堂へ童話聞きに。二十八日、石垣先生へボラもって挨拶にゆく。

手帳の最後に大切なマフラーを無くした顚末が記されている。

一年生の長女が食事の時に「お母さんのマフラーを貸してくれ」と云う。「無くしたらいやよ、お母ちゃんの大切なものだから」と云い聞かせてかし与えて学校へやった。昼頃ハアハア息を切って赤い顔して「ただいま」と帰って来た。寒かったので走ったのだろう。見ると今朝貸してやったマフラーがない。私はびっくりして「マフラーは？」と聞くと子供もびっくりして「あら、落としてきた」と慌てて又外へと飛び出した。私も続いて飛び出した。子供が走る。私も走る。「どこを通って来たの、どの辺までしていたのをおぼえている？」など聞きながら……。

大変だ、私は泣きたくなってしまった。走れども、走れども、落ちていない。亡き義兄からのプレゼント十年間愛用した私の大事な思い出のマフラーよ。黄色に茶の縞模様の入った極細毛糸のマフラーよ。どこのどなたにひろわれたのかしら。交番にも行ってみたが反対に笑われた。「この時代に拾い物をとどけに来る人は一人もいない」と……そうかしら私は考えた。世の中にはそんな悪い人ばかりではない。落とし主に渡してあげたいと思っていても、それが解らないから仕方なく、ひろっておいてある。そう云う人もいるはずだ。私は思い切って広く皆様におねがいしよう。〇〇へおたずねして、どうか私のマフラーをひろわれた方、思い出多い私の大切なマフラーをお返しくださいませ。どうかどうか、おねがい致します。

昭和二十四年（1949）三十一歳

喜劇を楽しむ。全米水上選手権。

この年は、国鉄にまつわる事件（下山事件、三鷹事件、松川事件）が次々に起こり、世情が重苦しい雰囲気に包まれた。一方、湯川秀樹《ゆかわひでき》が日本人で初のノーベル物理学賞を受賞して明るい話題を提供した。この年の日雇い労働者の日当は二百四十円でニコヨンと呼ばれた。

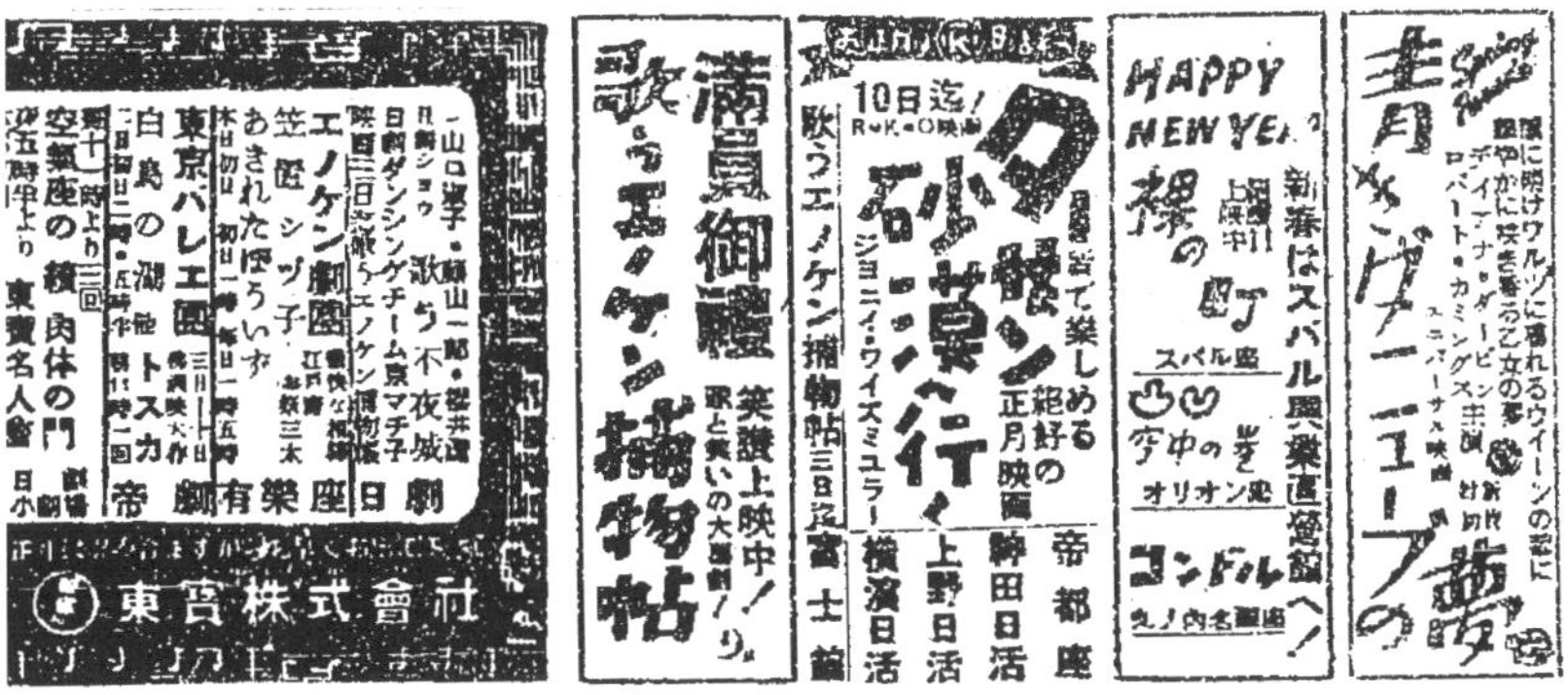

昭和24年１月２日の興業街の新聞広告

一月二日の日記

朝通子かきぞめ書く。小倉さんに誘われて通子と賢、九条第一劇場へ『三十三の足跡』（注38）を見にゆく。私も昼頃章連れてキツネの襟巻して出掛け、ＯＳで『凸凹空中の巻』（注39）見て、時間が早かったので梅田映画で『歌うエノケン捕物帖』（注40）と「ロッパの実演」見る。六時帰宅、夕食後風呂に入る。

八月十八日の日記

高松一中の準優勝試合を聞く。延長試合になり、３対２でおしい処で負けてしまう。午後は古橋（廣之進）のロスアンゼルスからの放送あり。世界新記録が出る。千五百米十八分十九秒なり。章の服裁って縫う。主人木曜会にて夕食いらず、風呂も沸かさず、九時過ぎ主人帰宅。十一時ねる。

昭和二十五年（１９５０）三十二歳

ジェーン台風に襲われる

九月三日午前十時頃徳島県に上陸した台風は、正午頃神戸に再上陸。中心気圧九百四十hPa、最大瞬間風速五十m。死者三百九十八名、行方不明者百四十一

朝日新聞
昭和25年（1950年）9月4日（月曜日）　第23179号
ジェーン台風、猛威を振う
晝、関西一帯を強襲
夜半に東北を荒す
死傷一千、全壊六千
関西九府縣の被害大
大阪最もひどし
新潟で風速三十メートル
京都の國宝に被害
列車ほとんど不通
二客船沈没
韓國民の損害
大邱の北
社説 「同調者」の限界
土佐堀川を流れる二階建の倒壊家屋 —大阪本社写真

昭和25年９月４日、ジェーン台風の猛威を伝える新聞

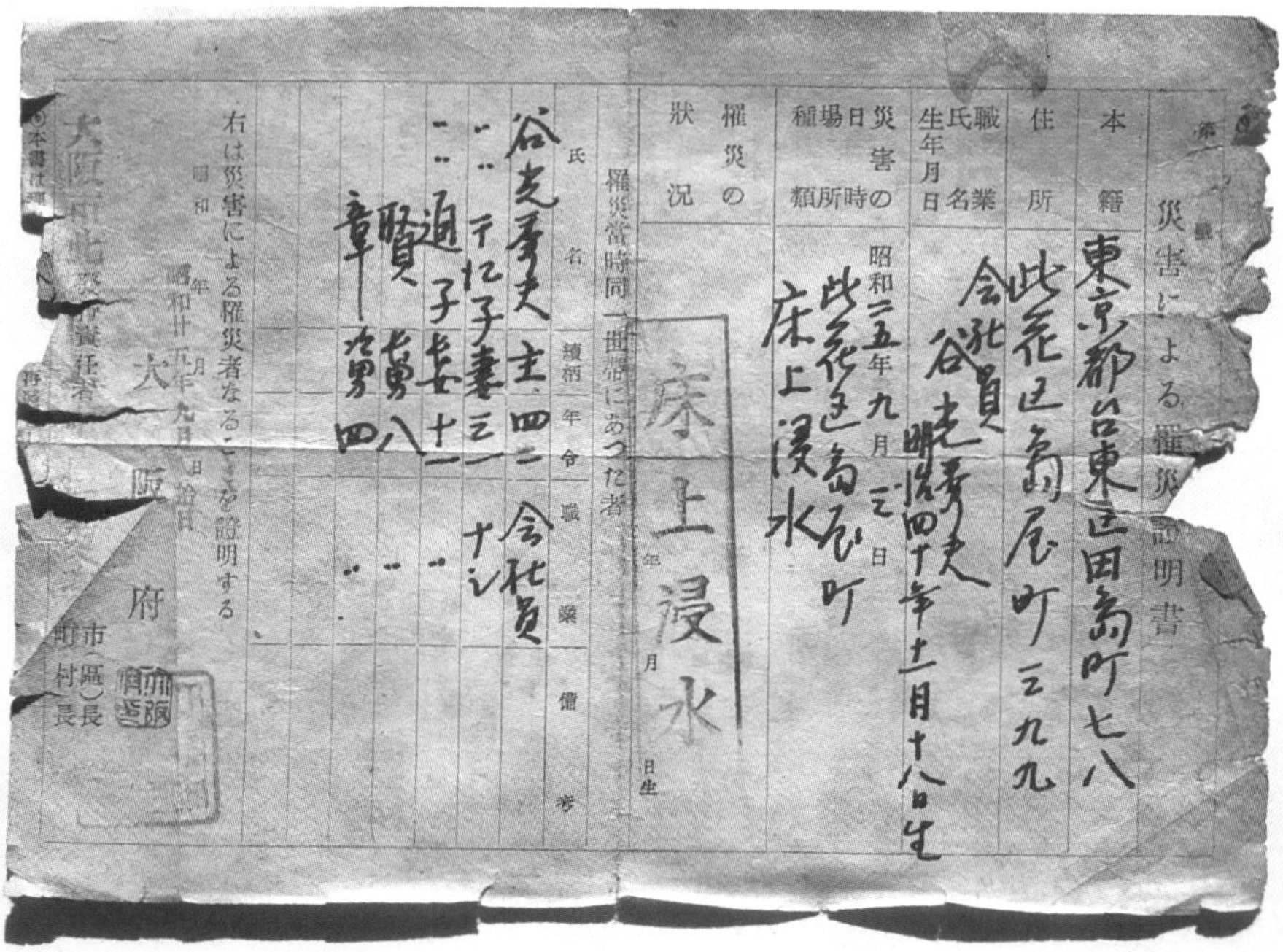
災害による罹災証明書
本籍　東京都台東区田島町七八
住所　此花区島屋町三九九
職業　会社員
氏名　谷孝夫
生年月日　明治四十年十一月十八日生
災害の日時　昭和二五年九月三日
場所　此花区島屋町
種類　床上浸水
罹災の状況　床上浸水
罹災當時同一世帯にあつた者

氏名	續柄	年令	職業	備考
谷孝夫	主	四三	会社員	
〃 千松子	妻	三一		
〃 道子	長女	十一		
〃 賢一	長男	八		
〃 章	二男	四		

右は災害による罹災者なることを證明する
昭和二十五年九月　日
大阪府　市（區）町村長

大阪府発行の「災害による罹災証明書」

名。床上浸水九万三千百十六棟。
運悪く父は前日から高野山へ行って留守だった。

九月三日の日記
朝から暴風雨にて昼頃風速四十五ｍのジェーン台風が襲い、瓦は飛び窓ガラスは割れついに高潮に襲われる。

後に母から聞いた話では、隣の奥さんが壁を叩いて「奥さん、水や、水が出たで！」と知らせてくれたとのこと。その時母子四人はちゃぶ台を囲んで昼飯を食べていた。

子供たちは急いで二階に上がってガタガタ強風に揺れる窓から外を見ると、沢山の瓦が木の葉のように飛ばされてゆくのが見えた。高潮のため安治川《あじ》から氾濫した水が、一階の床から畳を浮かせながら侵入して来た。すると五、六人の大人が玄関からじゃばじゃば増えて来る水を蹴散らしながら助けを求めて上がり込んで来た。我が家は二階建ての社宅の一番端にあり、畑を挟んだ奥に平屋の社宅が並んでいる。その平屋に住む人たちが危険を感じて逃げて来たのだ。二階から道路を見ると、滔々《とうとう》と流れる洪水にスダレや台所用品などいろいろな物が流される中、死体が流されていたという。

九月四日の日記

水の引いた後のあと始末に大変なり。道路が洗濯干し場と変わる。会社より経理の人がお手伝いに来てくれる。赤松さん親切なり。

九月五日の日記

朝主人みすぼらしい格好で帰宅。ミシン分解して油でふいてくれる。会社より次々と見舞いに来てくれる。

大阪府発行の「災害による罹災証明書」が残されている。

「床上浸水」の押印によって自治体からの支援や保険の適用を受けることが出来る。

この台風の罹災によって、兵庫県西宮市甲子園八番町に引っ越す。

寿 **再び災害の危険性が高い場所から、安心して生活できる所に移った。お互いに助け合いながら穏やかな暮らしが出来れば、ストレスも少ないはずだ。**

新居は、木造二階建て庭付きで、裏には畑もあった。甲子園球場からも近く、動物園や遊園地、映画館も備えた阪神パークのすぐ裏で、夕刻になると様々な動物たちの少し悲しげな鳴き声が聞こえて来た。

昭和二十六年（１９５１）三十三歳

田中千代服装学園に入学

この年、一月にＮＨＫラジオで第一回紅白歌合戦を放送。四月に敗戦以来、連合国軍最高司令官として日本の占領政策を指揮したマッカーサー元帥が解任され「老兵は死なず、ただ消え去るのみ」の名ぜりふを残した。九月、サンフランシスコ平和条約が調印され、法的に第二次世界大戦が終了し、日本は平和に向かって歩み始めた。

甲子園の家に落ち着いた母は、十月、田中千代服装学園速成科に入学し、好きだった洋裁の腕をさらに磨くべく通い出した。

生活の中で自分の好きなこと、楽しめることを見つけて、平凡な日常にメリハリをつけることは、活力を生む元だ。

学園通いは昭和二十八年師範科卒業まで続く。この学園で六、七人の仲良しグループが出来、卒業後も長年付き合いが続くことになる。

この年の日記帳に、「おべんとう風呂敷のゆくえ」という文が記されている。

　子供におべんとう風呂敷を作ってやりました。二、三日包んで行ったあと、どうしても、その風呂敷がみつかりません。私は子供に始末が悪いと叱りましたが、子供はちゃんと水屋の引出しに入れたのにと、ブツブツ申します。しまったものが無くなるなんて、そんな馬鹿なことがありますかと、こちらもブツブツ言いながらも、仕方なく、また新しく小さな風呂敷を作りました。今度は一週間位もっていって、又その風呂敷も姿を消してしまいました。作った私は、ますます腹を立てて、小言を申しました。今度は、昨晩ここに脱いでおいた足袋が見つからないと子供が申します。そんなはずがない、自分の探し様が足りないのだ。もう少していねいに探してごらんと言って、皆手伝って探したが見つからない。子供は、弟がどっかへ持って行ったのに違いないと、弟に怒っている。不思議な家だ。次々にいろいろ無くなって、おばけの家みたいと申していました。そして、お互いに姉弟たちで疑っていました。

ある日、水屋の後ろでネズミがごそごそ云っているのが分かり、巣を作っているのかもしれないと、小春日和の日曜日、家内中で水屋の後ろをお掃除することにし、たくさんの瀬戸物を取り出して、水屋を動かしてみると、大きいネズミが三匹あわてて飛び出しました。水屋をのけてみると、案の定こまかい残りくずだらけにして、巣を作っていました。その中から、今までに無くなった風呂敷やら、足袋も出て来ました。それらは勿論ズタズタにかみ破かれて、使用に耐えなくなって出て来ました。私は子供を叱ったり、疑ったことを後悔しました。誰でもよく調べないで、すぐ人を疑うことは、良くありませんね。昔の人が三年探して人を疑えと云っておりますが、ほんとにそうだと、つくづく思いました。これは、私の失敗談です。

学園生活

昭和二十七年（1952）三十四歳

この年から手塚治虫の「鉄腕アトム」が雑誌『少年』で連載を開始。戦後、女性がストッキングと共に強くなったといわれ、妻を恐れる「恐妻」という言葉が広がった。

四月十八日の日記
　私鉄ストにて主人と歩いて上甲子園に向かっていたら、中島の小僧さんオートバイに乗せてくれる。甲子園口より学校にゆく。帰り塩田さんの家へよりてスキヤキセットのお金とファッションショウのお金もらって、昼パンよばれて三時半帰る。帰りは甲子園口より歩く。章朝学校より泣いて帰って来てた由。先生から留守の間に電話があったりしてわやなり。晩、宿題やらアイロンかけする。十二時ねる。

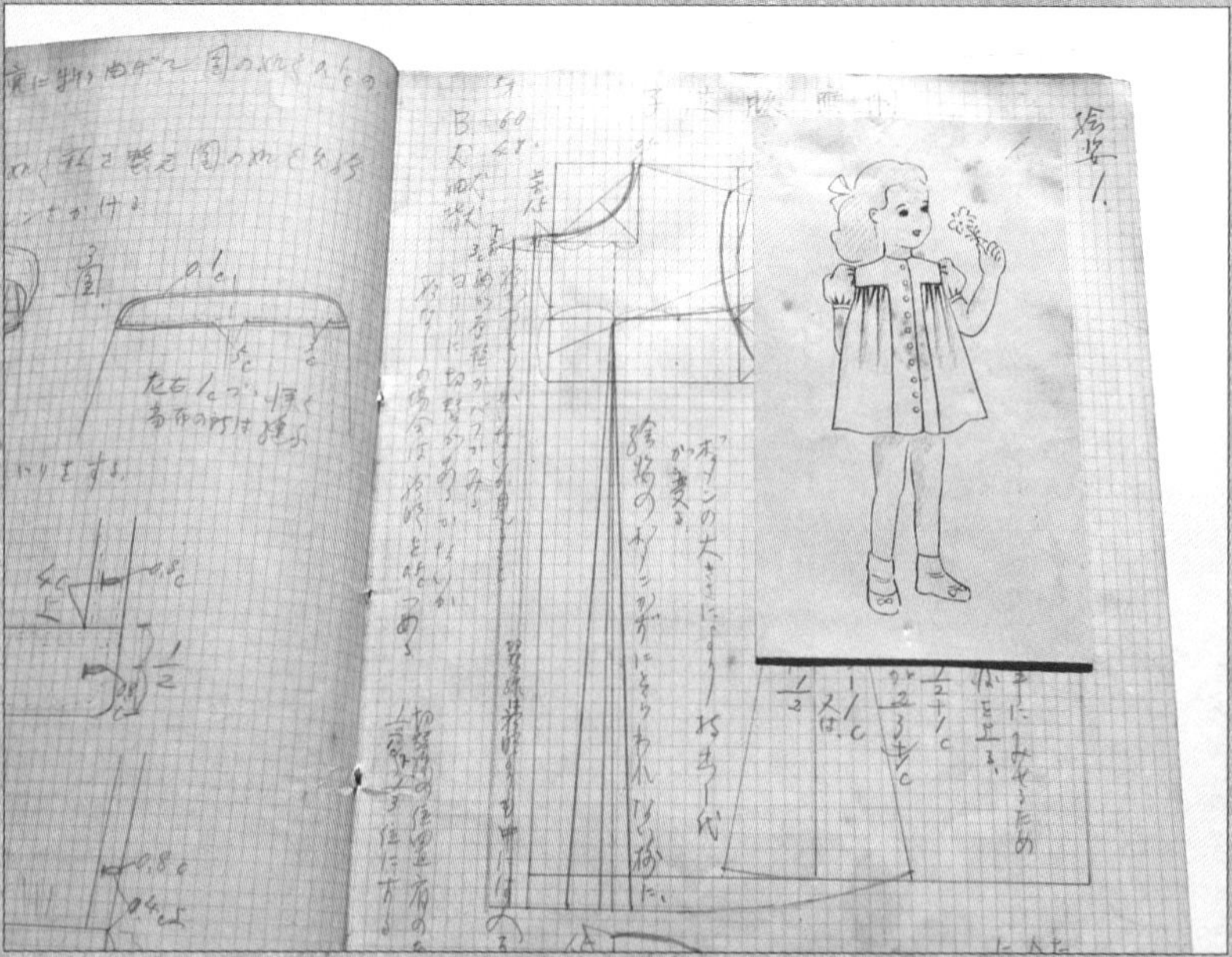

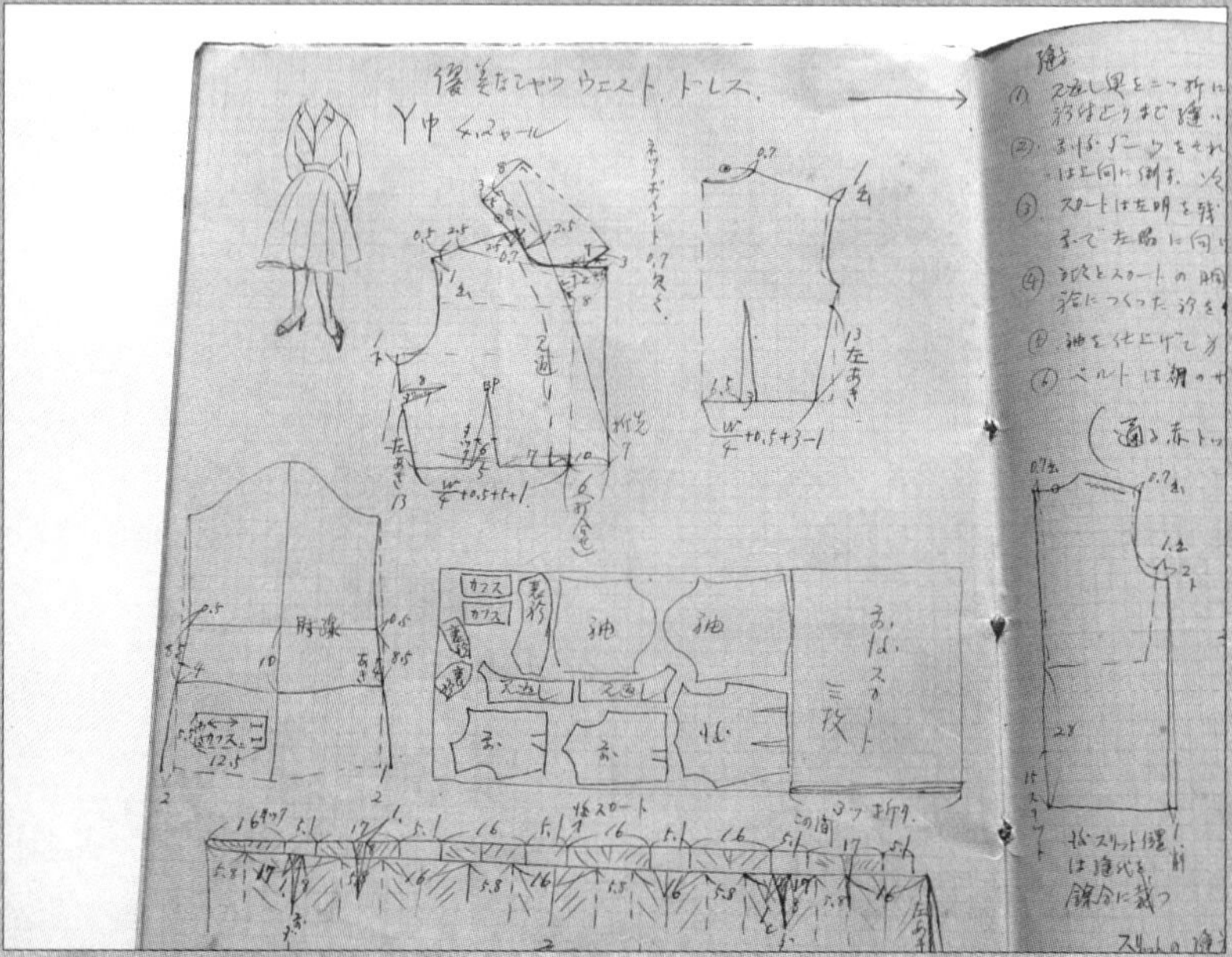

田中千代服装学園時代のデザイン帳

六月六日の日記

体の具合悪いけれど、元気出して学校にゆく。婦人服の応用製図していてもしんどいこと……帰り誘われるままに田中さん、三宅さん、保田さんと原岡宅へよる。四時過ぎまでねころんで、唄ったり話したりして五時帰宅。姉来ていて二千円貸す。風呂に入り、夕食後注射にゆく。帰りて洗濯し主人八時半帰宅。ごそごそしていて十一時半ねる。

母が百歳に近づいた時、一緒に暮らしていた私は、シャツの袖のボタンが取れたので母に繕ってもらうことにした。

「針はあるの？」

母「針？　針はなんぼでもあるよ。白い糸がいるね」

メガネを掛けて針に糸を通し始めた。小さな針の穴に通せるのかと心配しながら見ていると、すぐに難なく通してしまった。

「糸通したの？」

母「えっ？　よいしょ。通したよ」

「すごいね！　目がええんだね」

母「メガネ掛けとんのに。メガネ掛けな通らんわ」

「それにしたって、大したもんだ」

母「お裁縫は、任せといて下さい。お裁縫学校に行ったんですから。田中千代へ」

「昔取った杵柄《きねづか》ね」

母「そう、二年間もね、それで優等生や」

「ほんと？」

母「ほんと、それで千代先生の作品のお洋服、縫うのを手伝いさせられてね」

「へぇ〜」

母「それで難波の高島屋に出すのよ。売るんよ」

「売るの？」

母「ふん、生徒に一生懸命縫わせてね」

「田中千代作品として？」

母「そう、田中千代で出して売るんよ」

「ほんと」

母「ふん、その代わり縫い賃くれよった。そらまあ、タダではねぇ」

「そらそうだ、田中千代ブランドで。洋服でしょ？　着物じゃないでしょ？」

母「洋服よ、はは、田中千代だもの」

「田中千代では洋服習って、着物なんかは縫えないの？」

母「着物は丸女（丸亀高等女学校）の卒業生だけを、校庭のすまっこに地方から来る人の下宿があるのよ。そこの部屋を使ってね、和服は縫わっしょった。

ほんで、お嫁さんに行く人のね、裾模様の着物ね、難しぃの縫ったよ」

「それは、何？　希望者だけ？　全員やらされるの？」

母「いやぃや、何言うとん、月謝がいるのに」

「月謝が、特別に？」

母「そらそうよ、だから、行きたくっても、親が月謝まで出してそんなとこ行かんでもええ言う人は行けんけどね。月謝高ぃよ結構。だって和服やから」

「お母さんは、ちゃんと親に出してもらって、習ぃに行って」

母「もちろん、もちろん」

「それで、自分で着物縫えるようになったの？」

母「自分の着物も縫ったし、人のも縫った」

「大したもんじゃん」

母「うん、大したもんだよ、大したもんだと来たもんだ」

得意そうに、楽しそうに話してくれたのは、裁縫が余程好きだったのだろう。

田中千代時代に熱心に学んだノートが何冊も残されてぃる。

昭和二十八年（1953）三十五歳

泥棒を追いかける

この年NHKがテレビの本放送を開始した。だが国家公務員の上級職で初任給が一万円たらずの時代、受像機一台が二十万から三十万円もした。そのため、駅前などの街頭に設置されたテレビに大勢の人々が群がった。

七月に入ったある日の早朝、事件が起こった。

甲子園の家から歩いて行ける所に甲子園競輪場があって、開催時期には多くの人で賑わっていた。ただ、一攫千金をねらう、身なりが良いとはいえない人が多かった。開催日の翌日午前四時半頃、戸締まりがきちんとされていなかった庭に面したガラス戸から泥棒が侵入し、二階で寝ていた父と母の枕元にあった父のカバンと、ハンガーに掛かっていた背広を盗んで逃走しようとした。物音で目が覚めた母が、泥棒に気が付いて気丈にも「こら！　誰だ！」と叫ぶと、泥棒は慌てて階段を下り、開いていたガラス戸から表に逃げ出した。母も階段を駆け下りて、寝間着のまま裸足で泥棒を追いかけた。夜明け前の薄明るい街に母の叫び声が響き渡った。「泥棒や、泥棒～！　待て～！」元陸上選手といっても、男女の足の速さの違いでなかなか追いつかない。すると、朝の畑仕事をしていたおじさんが、母の叫び声を聞いて道に飛び出して来て泥棒の進路をふさぎ、取り押さえてくれた。多分前日の競輪でスッテンテンになったのだろう気弱そうな泥棒は、ひたすら謝り続けるだけだったそうだ。
カバンと背広を取り返した母は、おじさんにお礼を言って、泥棒を無罪放免にしたという。母が後によく子供たちに語ってくれた武勇伝だった。

名作映画を見る

昭和二十九年（1954）三十六歳

この年まぐろ漁船・第五福竜丸がアメリカの水爆実験で被爆。水爆実験によってよみがえった『ゴジラ』の映画が大ヒットした。

一月一日の日記
元日からお寝坊して九時お雑煮で祝す。子供たちも主人も年賀式に出掛けて子供は昼帰宅。午後坊や一人お留守番で甲子園劇場へ『シェーン』（注41）見に行く。六時帰宅、主人も祖父の家へ寄っていて夕方帰宅。晩カルタする。

一月十二日の日記
お掃除の後ガラス拭きする。そのあとは炬燵にあたってスタイルブック見る。

ひる大根、人参、芋、あげなど煮ておく。ブリのてりやきに酒粕で甘酒作る。五時主人と朝日劇場で逢ふ約束。『地上《こ》より永遠《とわ》に』（注42）を見る。

この頃も子供たちに留守番をさせて、よく映画を見に行っている。自分の楽しみのためには、あまり後ろめたさを持たずに突き進んで行く姿が見られる。

昭和三十年（1955）三十七歳

新年の所感、一年の反省

この年NHKテレビで『私の秘密』の放送が開始される。自由党と日本民主党が保守合同し自由民主党（自民党）を結成する。

主婦日記の冒頭に、新年の所感として次のように記している。

今年は大いにいろいろの文を読んで、智を磨き教養を高めたい。

ピアノもお稽古して小曲位はひける様になりたい。

体を無理しない様、充分の休養を取りつゝいろいろの道に進んで行きたい。

経済的にも少ししまって余裕ある生活を営みたい。その為には不急不用の……支出をよく制すること。

自分の興味に前向きに取り組み、自分自身を磨いて行こうという意欲と、経済的には無駄を省いてしっかりした生活を目指そうとする心構えが見て取れる。

……………………………………

八月十一日の日記

細川さんより（甲子園球場の）内野席二枚頂き、通子と賢が見にゆく。章は猪飼君の家へテレビ見にゆく。私、水玉服縫って仕上げる。津島さんよりハガキ頂き返事かく。母にもハガキ出す。夕食、具飯なり。晩ピアノなどひいて十時過ぎねる。

……………………………………

十二月二十九日の日記

主人会社休んで手紙焼いたり、畑の整備する。通子と章ガラス拭きして、私通子の黒オーバーの袖口直す。午後一時家内中で大神楼へ中華料理食べにゆく。帰り朝日ビルで『海底二万哩《マイル》』（注43）見て来る。通子と賢は大丸でトランプ買って先に帰る。

……

十二月三十一日の日記

九時近くまで寝坊して十時朝食。ひるまで台所の掃除する。ひる主人ナンバ（五一郎夫妻が住んでいる）へ出掛けてゆく。私、煮〆物作る。通子、部屋の掃除してくれる。夕食前風呂に入る。夕食は年越しそばなり。九時過ぎ主人ひどくよっぱらって帰宅。肋骨の骨が折れて痛い痛いと泣いて手こずらす。あまりいい正月も迎えられそうにない。

お酒は百薬の長とも言われ、血行を良くし、筋肉をリラックスさせる。しかし、飲み過ぎは様々な悪い症状を引き起こす。母は百歳を過ぎてもコップ一杯のビール、おちょこ一杯の晩酌を欠かさなかった。適量を楽しむことが一番だ。

日記の最後に一年の反省が記されている。

今年は明けても暮れても、洋裁洋裁で自分自身の修養の時間がとれなかった。

睡眠不足の日も続いた。仕事の運びがのろいからだろう。生まれつきだからしかたがないことだけど、もう少し能率よく来年は頑張ろう。

昭和三十一年(1956) 三十八歳

テレビのある生活へ

この年の経済白書には「貧乏な日本のこと故、世界の他の国々に比べれば、消費や投資の潜在需要はまだ高いかもしれないが、戦後の一時期に比べれば、その欲望の熾烈さは明らかに減少した。もはや『戦後』ではない」と記されている。

三月八日の日記

今晩の寝台車でお父さんは九州へ出張した。おニューの背広を着込んで小さい鞄に着替えのワイシャツや下着をギューギュー詰め込んで合オーバーを着てゆくというのを、まだまだ寒いからと冬オーバーを着せて送り出した。午後十時もう車中の人となってボツボツ寝台にもぐり込んでることでしょう。暢気な父さんよ。あとのことは心配しなさんな。お父さんの留守の間に子供たちの期末考査も終わって皆のんびりと春休みを迎えていることでしょうよ。長い出張の時は便りの一枚もよこしなさいよ。分かりましたかノンキな父さんよ。

検査役という立場から関連会社に頻繁に出張していた父。母は留守宅をしっかり守りながらも、十一歳も年上の父を叱咤激励する頼もしさが見て取れる。

十一月二十五日の日記
今日は皆どこへも行かず、主人は畑したり菊の手入れ。私もエンドウ豆まいてざくろの種もまく。ひるおうどん。午後前田さんでテレビ見せてもらって、二時過ぎ帰宅したらジョニー（当時飼っていたスピッツ犬）小屋の中で死んでいた。尚典（長姉の長男）と賢で水葬にして来る。晩主人九州へ出張。

十二月三日の日記
天気よし、洗濯する。昼前組合へ中古品持っていく。古賀さんの子供ズボン５００円でもらう。午後コートの裏裁つ。テレビのアンテナ立ててもらう。テレビの修繕夕方までかかる。

この頃、漸く我が家にもテレビが鎮座するようになった。ブラウン管テレビにはほこり除けの布が掛けられていた。『ジェスチャー』『私の秘密』『チロリン村とくるみの木』、そしてアメリカの白黒アニメ『スーパーマン』などを夢中になって見ていた。

五

子供たちの独立・交通事故・短歌・藤沢時代

高度経済成長期（昭和三十五年～五十七年）四十二歳～六十四歳

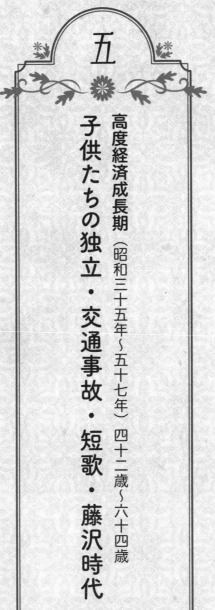

甲陽学院中学校１年生。集合写真４列目右端の佐治信忠君は後にサントリーの社長・会長となる。

担任の村上先生。先生の左上が章。

昭和三十五年（１９６０）四十二歳

夫の転勤で藤沢に引っ越す

この年「日米安全保障条約」が改定された。そのため労働者・学生・市民による反戦運動、平和運動により「60年安保闘争」が広がった。また、池田勇人《いけだはやと》内閣によって所得倍増計画が打ち出された。

我が家は父の転勤（住友金属検査役から関東特殊製鋼常務取締役経理部長へ）によって、神奈川県藤沢市への引っ越しが決まり、関西人から関東人へと変化のある慌ただしい日々が続いた。

三月十五日の日記

甲陽中学（章の学校）へ挨拶にゆく。村上先生（後に分かったのだがなんと村上春樹のお父さん）にネクタイお礼し、校長は挨拶だけする。フダイ（賢の受験校・大阪府大）ザンネンの電報来る。

三月二十四日の日記

運送屋来て荷作り全部終わる。津島さん餞別持って来て下さる。前田さんで近所寄って送別会してくれる。隣組より餞別頂く。

自動車教習所で悪戦苦闘する千江子

三月二十七日の日記
朝、前田さん始め細川さん内田さんらへ挨拶に回り十一時出発。十二時半の急行「はと」にて大阪を発つ。尚典、ベビーフェイス、中野さん、田中さん、根津さん、森川、樋口、梅本、原岡さんら見送ってくれる。

ご近所や田中千代服装学園の友人たちが沢山いた社交的な母を、別れを惜しんで大勢が賑やかに見送ってくれた。

昭和三十八年（1963）四十五歳

自動車免許、長女結婚式

この年フジテレビで『鉄腕アトム』の放送が開始される。国産の長編連続テレビアニメ第一号。

十一月アメリカのケネディ大統領が暗殺される。

藤沢の家の生活に慣れて来た母は、一月から自動車教習所に通い始める。

二月十八日の日記
六時半起床。七時二十分本試験受けに学校へゆく。50号車に一回乗り八時

昭和39年初孫を抱く（46歳）

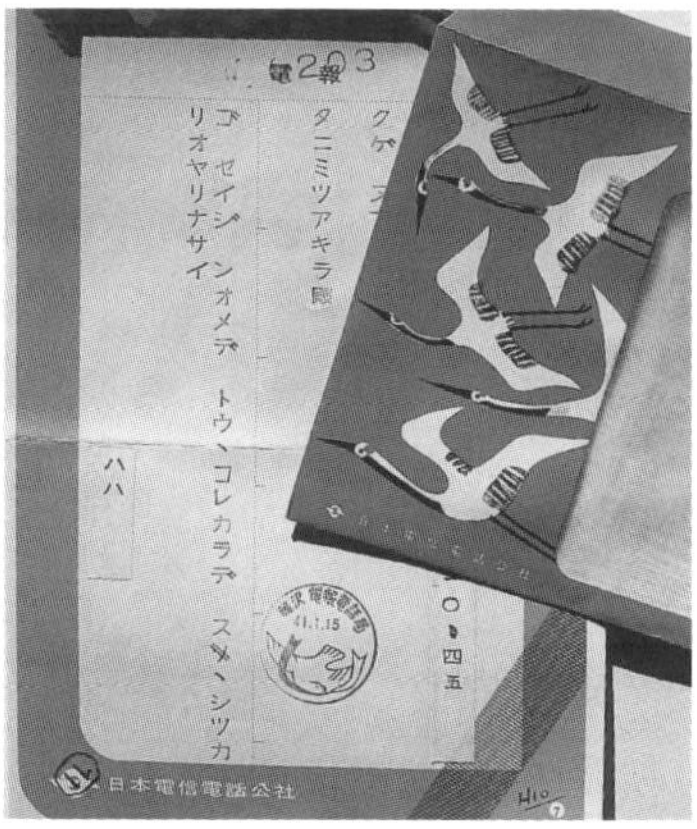

章への成人式祝電
「ゴセイジン
オメデトウ
コレカラデス
シッカリ
オヤリナサイ
ハハ」

頃より試験始まる。外周は上々、内周でフカシ多く、クランクのバックで失敗。66点で落ちる。橋本さんは合格、おめでとう。午後買物に走る。水玉のブラウス四人に縫うことにする。

十一月二十三日の日記

ケネディ午前五時暗殺さる。毅《たけし》（通子の婚約者）と通子、仲人宅へ挨拶にゆく。午後、尚典来て一緒に夕食とる。夕食終った家へ毅と通子帰って来て又ご飯炊いたり大騒動する。夜、中崎さん（毅の姉）いらして毅の家へジュータンをお祝いしてくれる。

十一月二十九日の日記

大安吉日、朝、小豆ご飯炊き、お煮しめ煮て通子の出立ちを祝う。十二時過ぎハイヤー来て我々母娘、祖母、姉二人乗って東京會舘にゆく。私も着付けしてもらい賢の自動車で稲チョコら三人（通子の友人たち）と章乗って来る。四時式始まり五時半披露宴始まり八時半終る。帰り又賢の運転で女四人帰る。

母は姉が見合いをする相手の条件をメモ書きしていた。

劇場で本編の前に上映されていた
ニュース映画

健康な人。音楽に理解のある者。スポーツを好む人。大酒飲みは困るが、少しは飲んでもよし。次男坊で気楽な生活の出来る人。背丈１６８㎝以上。金持ちにて自動車をもっている者。頭が良くてやさしい人。

かなりハードルの高い条件だが、果たして通子の夫は合格したのだろうか？

昭和四十二年（１９６７）四十九歳

次男の就職、初のヨーロッパ旅行

昭和四十二年夏、大学四年生だった私は映画関係の職に就きたいと就職活動に動き回っていた。しかし、昭和三十三年に入場者数のピークを付けた映画業界は、テレビの普及、娯楽の多様化により衰退の道を歩んでいた。そのため大手五社（東宝、松竹、東映、大映、日活）はほとんど新人を受け入れていなかった。仕方なく周辺の記録映画会社やＰＲ映画会社を当たっているうちに、ニュース映画などを製作している会社の募集を見つけて入社試験を受けた。

七月二十五日の日記

章とゆっくり起きお掃除したり洗濯する。ひる一緒に出掛け冷やしそば食べてから日本映画新社へ一緒にゆき、渡辺部長、遠山課長に逢う。採用決定する。私は三時半帰宅。

後に会社から、入社の挨拶に母親が付いて来たのはお前だけだと冷やかされた。

母はこの頃から日記に自分の思いや考えを書くようになる。

四月十五日の日記

知事、都道府県議の選挙の結果、東京では初の革新知事が出現。美濃部新都知事の清潔なる都政を大いに期待したい。

四月二十八日の日記

今日は統一地方選挙。藤沢は市議会議員選挙なり。

春眠なのか朝ねむくてしかたがない。がもっとも人間本質的なまけものだとすると、本当は時間に追いまくられている方がいいのかもしれない。凡人にとって自由とは与えられるまでは価値が高く、手にはいると、とたんに下落するものなのだ。

そして、子供たちから徐々に手が離れ自由な時間が取れるようになったので、憧れの海外旅行に行くことを決めた。

六月五日の日記

言葉をしゃべらないと云うことは、人間として遅れをとることだと思う。言葉を交わすことは近しい人を益々近く感じ、また遠い人をも近づけるかけ橋である。

ヨーロッパ旅行を決意。家族一同、大いに賛成してくれる。有難いことなり。賢は早速『異国の街』というガイドブック買って来てくれて息子なればこそと、大いに感激。予備知識を得ることにする。十ヶ国十三都市、オランダ航空にて費用四十三万七千五百円。戸籍抄本二通とパスポート用写真三枚。申込金二万円添えて申込む。

母が九十九歳の時に一緒に参加した町内会の集いで、母をよく知る人から「海外旅行もよく行かれていますね」と声を掛けられ、

母「海外旅行ね。そうそうそう、随分行きましたね。そして『ヨーロッパ旅行記』って本も作ってね。えへへへへ」

参加の皆さん「へぇー！」

『ヨーロッパ旅行記』
1968年（50歳）

私「まぁ、好き勝手に、幸せな人生送って来たよね」

母「あっはっはっは。そう、お父さんがね、行ってこい、行ってこい、言うんですよ。海外旅行ね。自分は一人残るのにね。あの、なんか悪いことしよったんかな、あっはははは」集会場は大爆笑に包まれた。

男子三名、女子三名の一行で二十五日間の初めての海外旅行を終えた母は、早速思い出深い記憶を『ヨーロッパ旅行記』という小冊子にまとめて百冊作り友人、知人に配布した。

旅行記の中の一部、マドリードで闘牛を見に行った日の日記。

八月十三日　マドリード（スペイン）

九時朝食のベルに起こされるまでぐっすり寝た。M嬢は朝食に出ず、寝てる方がよいと言うので、朝食のパン運んであげる。昼食の二時まで私も又ひと眠り。

午後は闘牛を見に行く。闘牛はスペインの国技にて日曜のみ開催され、旅行者はなかなか見ることができないのに我々は運の良いスケジュールである。

定刻五時が近づくと三万五千人収容の闘牛場へ入場者の列、列、列。場内は超々満員にてどの顔も、どの顔もとてもうれしそう。

我々一行も航空会社肝煎りの特等席に落ち着く。我々の席の二つうしろにカルメンを思い出させるような美女が五人陣取り観衆からヤンヤの喝采《かっさい》を浴びて、あちこちからカメラが向けられている。女優さんかな？　と思いながら私もカメラを向けると笑いながらポーズをとってくれた。

　闘牛の始まる前は野球場の雰囲気に、もう少し興奮をプラスしたような、口笛や絶叫の激しさに、我々も初めて見る闘牛だけに自然と力が入る。

　場内破れんばかりの声援のうちに、やがてファンファーレ鳴り響き、馬上の人や、それに従う二十名位が入場して来て、正面貴賓席に向かって一礼、それぞれ部所につく。やがてお待ちかねの闘牛と相成った。

　槍を体中に突き刺されてあばれる牛、闘う人。「ホーレ」「ホーレ」の歓声に観光客も我を忘れてスペイン人の中にとけ込んでしまう。

　さんざん牛に痛い目をさせて、猛烈に突っ込ませたあげくの果てに、急所をひと突きして殺してしまった。

　席がよすぎて我々の目の前でグサリッとやっつけるので、多少胸がドキドキ、しかし闘牛士の動きや、牛の操り振りに一種の芸術を感じたのは私一人であっただろうか。

　我々の席のうしろに気の弱い婦人がいて、見物中気分が悪くなり、ご主人に介抱してもらっていた。どこから来た観光客だろうか。

　殺された牛は二頭立ての馬が砂煙を立ててひきずって、サッと引揚げる。

流れた血は砂をかけてこれで第一回の終わり。
大観衆の熱狂に、闘牛士は益々勝ち誇って、得々として黒い闘牛帽を観客席に高く高く舞い上げて投げ、場内はいよいよ興奮のるつぼと化し、次の牛が早くも場内に突入して来た。結局その日は、五頭の牛が観客を喜ばせて、あの世行と相成った。殺された牛はすぐ肉となって、市場に出る由、その夜のホテルでの夕食は、あの残酷な場面が脳裏から消えず、あまり進まなかった。

……………………………………

これを機に一九七〇年代からほぼ毎年のように海外旅行に出掛けて、楽しみながら見聞を広げる生活を送るようになる。一度ハマると好奇心を持ち続け、のめり込む母の気質が表れている。それにしても、よく時間とお金が続いたものだ。

一九七〇年　ハワイ（マウイ、オアフ島）（四月十六～二十一日）
一九七八年　アメリカ（ロサンゼルス、サンフランシスコ）、メキシコ（十一月二十二～二十九日）
一九七九年　カナダ（エドモントン、カルガリー、バンクーバー）（六月十五～二十二日）、バリ島（十二月十～十六日）
一九八一年　フィリピン（マニラ）（三月十九～二十三日）ボウリングで優勝

して招待された

一九八二年　グアム島（三月十九〜二十三日）ボウリングの仲間たちと

北欧三国（ノルウェー・ベルゲン、デンマーク、スウェーデン）

（八月五〜十五日）

一九八四年　スイス（サンモリッツ、チェルマット）、フランス（シャモニー）

（八月九〜十九日）ハイキング

一九八六年　中国（上海、蘇州、武漢、広州）、香港（十月六〜十四日）

一九八七年　イタリア（ローマ、ポンペイ、ナポリ、アッシジ、フローレンス、

ラベンナ、ベニス、ミラノ）（七月十〜二十日）古都めぐり

タイ（バンコック、プーケット）（十一月十四〜十九日）

一九八八年　スペイン（マドリード、グラナダ、バルセロナ）（六月二十〜

二十八日）

一九八九年　オーストラリア（シドニー、ゴールドコースト、ブリスベン）

（十一月十一〜十九日）

一九九〇年　シンガポール（六月四〜八日）江尻光一先生と共に

一九九二年　韓国（六月二十五〜二十八日）ゆうゆうワイド　大沢《おおさわ》悠《ゆう》里《り》とさこ

みちよと共に

一九九三年　オーストリア（ウィーン、ザルツブルク）、ハンガリー（ブダペスト）

1967年（49歳）
ギリシャ・アテネ
「ゼウス神殿」

イタリア・ローマ「スペイン広場」

海外旅行にハマる

イタリア・ローマ
「トレヴィの泉」

1982年（64歳）デンマークの子どもたちと

デンマーク・コペンハーゲン「人魚姫の像」

1984年（66歳）スイス・サンモリッツで舌鼓

1987年（69歳）イタリア・ローマの
ベネチアングラス店で

1988年（70歳）
スペイン・バルセロナ
「サグラダ・ファミリア」

スペイン・マドリードの
精肉店前で

1989年（71歳）
オーストラリア、
コアラ保護区

1990年（72歳）
シンガポール植物園

1992年（74歳）韓国

1993年（75歳）
通子とハンガリー・
ブダペスト。建国の
王アルパードの像

1997年（79歳）カナダで美人に囲まれて

（四月二十九～五月六日）二火会（交流の場）の人たちと通子と共に

一九九四年　アメリカ（ラスベガス、サンフランシスコ）（三月二十五～三十日）

一九九六年　ハワイ（十二月十四～十八日）通子と共に

一九九七年　カナダ（トロント、ナイアガラ）（四月一～六日）通子と共に

母は海外旅行を通して、様々な知識を身に着けて行った。そして、人生を豊かなものにして行った。オードリー・ヘップバーンは「一番大切なことは、人生を楽しむこと、幸せでいること」と述べている。

五十歳になった頃から、新聞記事の有名人、文化人などの人生訓や教訓、気に入った文章を切り抜いてノートに貼るようになる。そして、自分でも様々な和歌作りの参考本を買って勉強し、新聞や藤沢の文芸誌『文芸ふじさわ』に投稿するようになる。

これは昭和四十三年十月十八日の朝日新聞に掲載された、メキシコオリンピックにまつわる投書「勝敗は時の運ではない」

…………

藤沢市　谷光　千江子（主婦　50歳）

今から三十数年も前の学生時代「勝敗は時の運である」とよく聞かされた

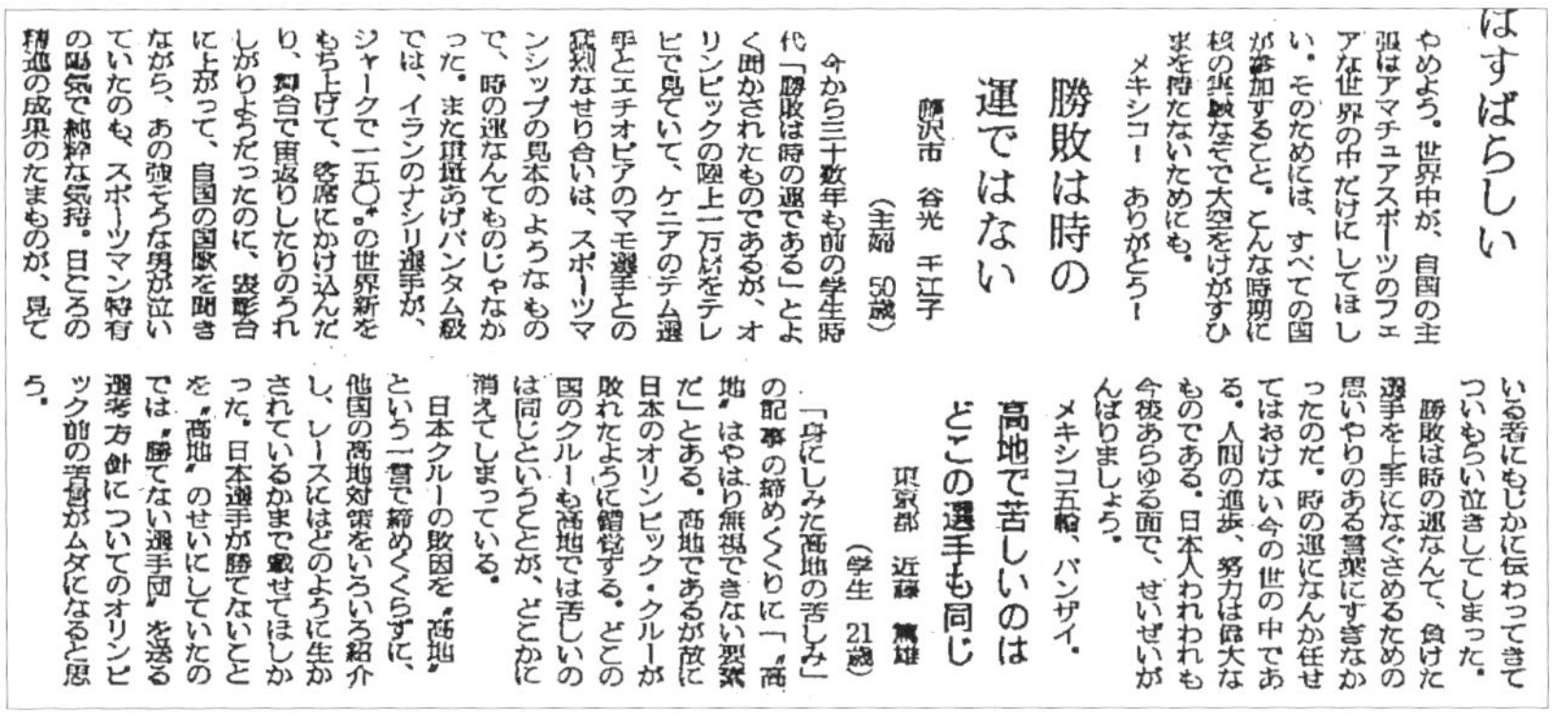

はすばらしい

やめよう。世界中が、自国の主張はアマチュアスポーツのフェアな世界の中だけにしてほしい。そのためには、すべての国が参加すること。こんな時期に核の実験なぞで大空をけがすひまを持たないためにも。

メキシコ！　ありがとう！

勝敗は時の運ではない

藤沢市　谷光　千江子（主婦　50歳）

今から三十数年も前の学生時代「勝敗は時の運である」とよく聞かされたものであるが、オリンピックの陸上一万㍍をテレビで見ていて、ケニアのテム選手とエチオピアのマモ選手との猛烈なせり合いは、スポーツマンシップの見本のようなもので、時の運なんてものじゃなかった。また重量あげバンタム級では、イランのナシリ選手が、ジャークで一五〇㌔の世界新をもち上げて、客席にかけ込んだり、舞台で宙返りしたりのうれしがりようだったのに、表彰台に上がって、自国の国歌を聞きながら、あの強そうな男が泣いていたのも、スポーツマン特有の陽気で純粋な気持。日ごろの精進の成果のたまものが、見ている者にもじかに伝わってきてついもらい泣きしてしまった。

勝敗は時の運なんて、負けた選手を上手になぐさめるための思いやりのある言葉にすぎなかったのだ。時の運になんか任せてはおけない今の世の中である。人間の進歩、努力は偉大なものである。日本人われわれも今後あらゆる面で、せいぜいがんばりましょう。

メキシコ五輪、バンザイ。

高地で苦しいのはどこの選手も同じ

東京都　近藤　篤雄（学生　21歳）

「身にしみた高地の苦しみ」の記事の締めくくりに「〝高地〟はやはり無視できない要素だ」とある。高地であるが故に敗れたように錯覚する。どこの国のクルーも高地では苦しいのは同じということが、どこかに消えてしまっている。

日本クルーの敗因を〝高地〟という一言で締めくくらずに、他国の高地対策をいろいろ紹介し、レースにはどのように生かされているかまで載せてほしかった。日本選手が勝てないことを〝高地〟のせいにしていたのでは〝勝てない選手団〟を送る選考方針についてのオリンピック前の苦闘がムダになると思う。

昭和43年10月18日朝日新聞「声」に投書

ものであるが、オリンピックの陸上一万メートルをテレビで見ていて、ケニアのテム選手とエチオピアのマモ選手との猛烈なせり合いは、スポーツマンシップの見本のようなもので、時の運なんてものじゃなかった。また重量挙げバンタム級では、イランのナシリ選手が、ジャークで百五十キロの世界新を持ち上げて、客席にかけ込んだり、舞台で宙返りしたりのうれしがりようだったのに、表彰台に上がって、自国の国歌を聞きながら、あの強そうな男が泣いていたのも、スポーツマン特有の陽気で純粋な気持。日頃の精進の成果のたまものが、見ている者にもじかに伝わってきてついもらい泣きしてしまった。勝敗は時の運なんて、負けた選手を上手になぐさめるための思いやりのある言葉にすぎなかったのだ。時の運になんか任せておけない今の世の中である。人間の進歩、努力は偉大なものである。日本人われわれも今後あらゆる面で、せいぜいがんばりましょう。メキシコ五輪、バンザイ。

十二月二十八日の日記

１９６８年、明治百年も静かに暮れて行こうとしている。

十一月末より風邪を引き、途中ゴルフに行ったり、ボーリングしたり、目黒から車をとばしたりの病人らしからぬふる舞のお陰で風邪をこじらせてしまって、とうとう一ヶ月のえんえんと相成った。身から出たサビ。風邪は初期になおすべし。この一年は何となく元気のない一年だった。昭和元禄と世は浮かれボーとしてるから三億円ものかっぱらいが出たりして、なかなか捕まらないのだ。

寿 体の不調を感じたら、先延ばしにせずに、すぐ医者に相談や診察をしてもらうことが大切だ。

「老後について」のエッセーからの抜粋

『ひとりで死ぬ覚悟を』

元気な間は夫婦それぞれに仕事があった方がいい。長い晩年の生きがいを見つけることが、壮年時代の重要課題だといってもいいくらいだ。倒れる日まで〝やれる〟生きがいを若いうちに用意しておこう。母親と共に住みたまえ。倒れる日がきたら老人はひとり看護婦に看取られて、あの世へ行く覚悟を持つべきである。生まれてきた時もひとり。死ぬ時もひとり。それが当たり前だと考えよう。が若者よ。あなた達はひとりで死んでゆこうとする老人に「とんでもない。あなたにかけてもらったおむつを、今度は私がかける番だ」といいたまえ。いやだといっても、母親をあなたのそばに連れて来て住みたまえ。

大阪万博入場券

太陽の塔の前で姉（左）と（52歳）

昭和四十五年（1970）五十二歳

大阪万博。交通事故に遭う。

三月十五日から九月十三日まで大阪・吹田市の千里丘陵で日本万国博覧会（大阪万博）が開催された。万博会場にケンタッキーフライドチキンが日本で初めて出店。

この年は、よど号ハイジャック事件、三島由紀夫の割腹自殺も起こった。

私は会社から公式記録映画『日本万国博』（監督・谷口千吉）の制作進行のスタッフとして数か月万博会場に派遣された。

…………

四月二十六日の日記

昼前賢たちやって来てタケノコ掘って煮る。午後ムームー着て写真撮りボーリングにゆくが二時間待ちで帰る途中、藤沢警察の前で事故にあう。

全治二週間の打撲傷を負う。

肋骨と軟骨がはがれて全快するのに六週間かかる。

通子、二十五日間も泊まり込みで世話してくれる。

…………

五月十日の日記

事故の先方と午後三時うちで話合いする。治療はお互いの保険を使い、車の修繕は先方が一方的にみる約束をする。賢、育子（賢の妻）も来て話合いに加わり、夕食は小田中（通子の嫁ぎ先）一家も一緒でにぎやか。

…………………

思わぬ交通事故でのケガでも、相手との交渉もトラブルなく進み、落ち込むことなく元気を取り戻した。

そして、大阪万博も人込みにもまれながら、各国のパビリオンを楽しんだ。

…………………

七月二十六日の日記

京極夫妻（二番目の姉夫婦）と共に十時出発、万博ゆき、みどり館とイタリア館みて、ひるマカロニグラタン食べる。美味しかった、のど渇いてレモンスカッシュ飲む。

…………………

七月二十七日の日記

中津の姉が日本庭園でお茶をたてるので、昼頃京極姉と万博ゆき、バザールのぞいたりして五時、中津姉と落合いサントリー館のぞいて十時帰宅。

昭和四十九年（1974）五十六歳

次男の縁談を案じる

元旦のご挨拶

謹んで新年のお祝いを申し上げます。甲子園から移り住んだ藤沢が一番長いすみかとなり、十五年目を迎えました。その間に息子は三人（毅、賢、章）娘は二人（通子、育子）孫四人（大吉、広次、今日子、宏子）となり九人に取り囲まれて飲む酒の味は最高です。ナツメロにうっとりするかと思えば、ボーリングに熱中したり、わりに世の中を自由に泳いで気楽に暮らしております。今年はもう一人娘を増やしたいものと（次男・章の嫁）念じております。本年もどうぞよろしくお願い申し上げます。

この頃から私（当時二十九歳）の縁談に熱心に取り組むこととなる。その頃の心情を歌った短歌が残っている。

終戦に生まれし息子に胸痛む何にさからふいまだ一人身

しかし、私が勤める日本映画新社は、戦前からニュース映画や記録映画を製作する伝統ある会社だが、世間から見てかなり低い賃金で、毎年のように赤旗を振って生補金（生活補給金＝ボーナス）の要求や賃上げ闘争をするような状態。面相も女性を引き付けるほどではなく、将来性も不確かである。

年に三、四回の見合いを用意してもらっていたが、上手く行くはずもない。

昭和五十三年（1978）六十歳
もろもろ思いにふける、短歌に打ち込む

四月二十三日の日記

小田中のお兄さんの娘の結婚式なり。お兄さんはガンで明日をも知れず。天気よし。今日子はガール（スカウト）、広次はおにぎり持って野球に行く。私は午後一時より市民短歌春の大会にゆき、思いがけなく三位となり、教育委員会賞を頂く。四時半帰宅。ギョーザを作る。章六時ごろひょっこり来る。大吉やって来る。夕食後八時四十九分主人八戸へ出張。章も一緒に帰る。通子夫婦も大阪より帰着の由。九時ＴＥＬあり。子供三人もすぐ帰す。田崎真珠より淡水真珠の美しいネックレス出来上がって来る。教育委員会賞の祝品となる。これが似合う様に清き心、正しき行動につとめ、章の一日も早き幸せな結婚を祈ろう。

母は『章の縁談歴史』として二十六人のプロフィールを残していた。

例えば「M子さん、東京女子大英米文学科卒、三菱総研勤務、趣味・旅行、読書、映画鑑賞、テニス、スキー　161㎝」

「Y子さん、国立音大ヴァイオリン学科卒、東京室内交響楽団所属、趣味・洋裁、手芸」

「R子さん、清泉女学院、成蹊大文学部卒、日本航空運送部勤務、趣味・テニス、茶道、生花　163㎝」

私が四十回ほどの見合いに失敗した後に身を固めたのは、三十七歳になってからだった。

若さあふれる春の高校野球の中継を見ながら母が書き留めた文章。


最近の私は何をするにも根気がなく、体全体から力が全く抜けてしまって、いわゆる虚脱感におちいり、視力も衰え思考力もなく、肉体が終日眠った状態になってゆく。こんなことでは駄目だ。何か心に張りをもたねばと思うのだが、平々凡々の毎日の生活は何一つも刺激もなく自分の周囲に老いが忍び寄ってくるのをひしひしとおぼえるのである。

また主婦の仕事についても記している。

妻の仕事はだらしなく忙しい雑用がほとんどです。余程上手に切り回さないと、あくせくとした心の貧しい、いらいらした人間にならねばなりません。女は家庭の中心ですし、云ってみれば太陽の様なものです。家庭の仕事はこれで終わりと云うことがありません。疲れ過ぎて感情が荒れたり、トゲトゲしく家族に当たり散らすようでは家庭がいこいの場所とはなりません。家庭の主婦は常に若く美しくありたいものです。これまでに日本の家庭婦人に一番欠けていたのは、自分もたのしみ、人も楽しませるといった生活の技術だったと思います。勤労だけを尊重していたのは、女性がとじこめられていた時代の遺風です。掃除や洗濯をすませたあとの二十分~三十分をソファにのびのびともたれて、詩のページをくったり、ラジオの趣味の講座を聞くのもよいでしょう。それが心のレクリエーションになります。絵を見るのもよし、音楽を聴くのもよし、美容体操をしても肉体の底から若さが笑いかけてくるでしょう。家事の余暇に趣味の手芸でも作って部屋を飾るのも一つの方法でしょう。それは労働と云うより、むしろ心と肉体のレクリエーションになりますから。又時たま子供と共に戸外でスポーツを楽しむことも時間を合理的に使って豊かな生活を楽しむ一端でしょう。

女性の精神的独立については、次のように記している。

これからの母親は、子供が一人前になっても、母親自身の生きる道というものをしっかり持っていなければならない。子供に頼り切り、いつまでもしがみついている母親は、精神的独立が出来ていない。この精神的独立ということは、日本の女性全体が考えるべきことで、経済的には独立できても、精神的独立の出来ない女性が多いと思われる。これが現在の社会人としての女性の生き方の甘さとなっているのではなかろうか。

「幸福へのかぎ。人生は一本勝負」（丸山竹秋『主婦と生活』昭和53年発行）という文章も抜粋していた。

しようと思いついたことを、ぐずぐず躊躇して延ばすということは、幸福を失う大きな原因となる。お花でも裁縫でも習おうと思ったら、その時にさっさと習うようにしなければならない。まあまあと思っていると、いつまでたっても習うことはできない。お世話になっている人を訪問し、お礼をしようと思いつく。しかし、まあそのうちにとぐずぐずしていると、いつまでたっても出掛けられず、知らぬうちに先方は感情を害していることもある。人生は一本勝負である。待ったなしである。

明日では遅すぎるのである。新しい年を迎えて今年こそ私たちは、その時々

毎回短歌を投稿していた
『文芸ふじさわ』

……をフルに生かし充実させてゆこう。

母はこの頃、藤沢市民短歌会に籍を置き、毎月一回の集会に顔を出し、藤沢市みらい創造財団が毎年発行する『文芸ふじさわ』に毎回投稿し、三首が掲載されるようになった。

日々の暮らしの中で、ふと感じた気持ちの揺らぎ、心の動揺を書き留め、推敲して歌に昇華することが日常化してゆく。

短歌を始める人が注意すべき点について記している。

…………………歌を作り始めて間もない人は、悲しいとか、さびしいとか、うれしいとか、そう言う言葉をよく使いますが、それは言葉に出さないで、その気持ちになる原因をよく考えてくわしく表現すること。

また、時々開催されていた藤沢市民短歌会の作品紹介冊子に、歌を詠むにあたっての心得がメモされていた。

……………「歌は楽しむために作る」
「なげきの歌でも心温まるものを」

昭和53年度藤沢市民短歌
春の大会賞状

「情景を描く」
「読み終えて頭を下げ、或いは瞼を覆うまでのものでなくてはならない」
「短歌は『もののあわれ』が詠まれなければならない」……

短歌の勉強を続けて行った結果、その後いくつかの賞を受賞するまでになってゆく。

昭和五十三年度藤沢市民短歌春の大会　教育委員長賞
「針山の針もいつしかさびつきて和裁の業も遠のきてゆく」
昭和五十三年度藤沢市民短歌秋の大会　教育委員長賞
「漸くにもの縫い終えてはずしたる眼鏡に白き雲流れゆく」
「たそがれの公園に犬遊ばせてわれもひと日の心を放つ」
「ひと言も云わで暮れ行く今日の日が庭におり立ちゆく雲を追う」
昭和五十六年湘南朝日歌壇（安藤《あんどう》寛《ひろし》選）
「群れ雀ちりゆく空に繋り立つ楠《くす》の葉色に秋の深し」
「金色の薬師寺の塔燦然《さんぜん》と落日に映え相輪眩し」

平成元年度藤沢市民短歌
春の大会賞状

昭和五十七年湘南朝日歌壇（安藤寛選）
「孤児達の祖国を去る日白梅も情に触れてはらはらと散る」
「瀬戸内の波静かなり連絡船辷るが如く故郷近し」
「亡き母は時折夢に見え給ふ厳しかりし父のなぜ夢に無き」
（評）夢に顕《た》つ亡き母父への追想限りない情があふれていて美しい。
昭和五十八年湘南朝日歌壇（安藤寛選）
「黒髪の漂ふ湯の香さらさらと髪の乱れの何か艶めく」
昭和六十二年度藤沢市民短歌秋の大会　市議会議長賞
「硝子戸に息吹きかけて「ごめん」とかく口で云えぬか中学生きみは」
平成元年度藤沢市民短歌春の大会　藤沢市長賞
「日もすがら雨に籠ればベルふたつ鳴りて切れたる電話を惜しむ」

還暦を過ぎると、家計簿に記す短い日記の他に、「ひとりごと」などと表紙に記したノートに思いを記すようになる。

ひとりごと　昭和五十三年三月十二日

みぞれまじりの雨降りで寒し。人間六十歳を迎えると、いろいろ異常を来たすのに驚く。これすなわち還暦と云う。

階段をちゃんと踏んだつもりが、見事踏み外してステン!! 空をつかんで、ひっくり返された蟹みたいに、手足をばたばた、一瞬息も止まり、そのあとの背中・お尻の痛いこと。医者にも診てもらい、治療二十日以上かかる。そんなことがあってから、体にガタを生じ、何事をするにも根気なく、体を横たえたくてしかたがない。この頃より左手が少し変調を来たし、左手を上げて後ろへ廻せなくなる。関節に機械油でも差したい気持ち。どうしてこうも急速に衰えてゆくのか、好きな甘いものもだんだん頂けなくなって悲しい。

これでは駄目だと思い、鵠沼《くげぬま》の「歩こう会」に二月より参加。

二月には鎌倉山散策。三月は横浜外国人墓地、港、三溪園。

ひとりごと　三月十七日
頭がぼやっとして頭痛も少々する。
脳腫瘍かな、脳軟化症かな、亡くなった鈴木さんのようにくも膜下出血かな……。
家庭医学の本を持ち出して調べてみるが、さっぱりわからず。主人出張で一人住まいの気楽さも手伝って、食事の用意もおっくうとなり、パン食やうどん食と簡単にすまし、炬燵でウトウトする。一週間前からお腹の調子も悪く、下痢など全然しないのに、食べるとシクシク痛み出す。今までに一度も経験したことのない出来事だ。生きると云うことのむづかしさを感じ出した。後藤さんがマレーシアの旅行にさそってくれるが、健康に自信がなくては旅行にも行けず楽しみが少なくなってゆくことが心に暗いかげを作り実に淋しい。四月の母の十三回忌にはお詣り出来るかしら？　精一杯生きていくしかないね。

ひとりごと　三月三十日

夕食前に風呂を済まそうとお父さんを先に入れて小松菜をホワイトツナやアゲ入れて美味しそうに煮え火を弱くして、もう一息して火を止めようと顔をクレンジングで拭き取りそこへお父さんが湯から出て来たので、ホラホラと入る。悠々と入浴後出てくるとコゲ臭い。鍋の火を止めるのを忘れていたわけ。「お父さんこの臭い分からなかったの」と責めてみても総ては私が悪いのよ。忘れっぽくなったものだ。万事休す。

お父さん近頃夜中に目を覚まして声出して一人ごと言ったり「馬鹿だなーおれは！」だってさ。大きいセキ払いや、コンコンや、オナラの連発。安眠妨害も甚だしい。自分は床につく前に、茶の間で三時間位寝てるので、そうそうは寝ていられないかもしれないが、思いやりのかけらもない。睡眠がいかに大切かと云うこと知らないのかしら。寝つきの悪い私にはほんとにつらい。いったん目が覚めると夜中でも又寝つかれず寿命の縮む思いだ。

長年連れ添った夫婦でも、歳と共に自分の体の調子や健康への不安から、今まで普通に接して来られた仲にも波風が立ち始め、愚痴やとげとげしい言葉が出て来るようになる。

どんなに愛し合って結ばれた夫婦でも、相手が認知症になったり、会話がうまく交わせなくなったり、介護が必要になって来たりすると、死ぬまで優しく接して行くのが難しくなる場合が多いようだ。年を取って来ると、様々な弱みを抱え込むようになる。そうなった時は、お互いに相手の弱みを理解し、気持ちを察してあげて不快にさせず、自分も不快にならず、気持ちに余裕を持って支え合うことが大事だと思う。

体力の衰えにそなえて（昭和五十六年二月）六十三歳

日本マラソン界の草分け・金栗《かなくり》四三《しそう》老は、米寿で今もお元気だが、そのみなもとは『体力、気力、努力』と言われた。年をとると共に体力の衰えは仕方ないが、その衰えをスローカーブにすることは、まったく気力と努力であると思う。道を歩く時も姿勢を正しくして、つとめて早く歩く。年を取ると、ひざも傷んでくるが、背筋と腰を伸ばして歩かないと、老人くさくなってしまう。しかし、あまり無理をすると体力の消耗度が大きく、病気に罹りやすくなるので、自分の体力を考えて、健康第一に、朝の寒い時は、ゆっくり起きて、寒い思いを避けることも一工夫である。年と共に体力の低下を防ぐため、各人が工夫して自分に適した体育を選び、健康保持に努めよう。私は今のところ自分の健康のためにボーリングを十年以上続けているが、これが自分に最も適した何よりの体育とよろこんで続けている次第だ。

また、福祉について考えを述べている個所もある。

福祉とは

1．いのち　2．くらし　3．プライバシー　4．プライド　5．ぬくもり

一つしかないおにぎりを二つに割ったら、大きい方と小さい方が出来た。その大きい方を相手に渡す思いやり、それがぬくもりであるが、現在の社会では、ひとりでこっそり隠れて食べてしまうといったやり方が、平気で行われている。

そんな社会だからこそ、ぬくもりの回復が必要だと考えられる。

六

夫の死・一人住まい・忍び寄る老い

昭和の終わり（昭和五十八年～六十三年）六十五歳～七十歳

昭和五十八年（1983）六十五歳

ボウリングに熱中、夫の死

この年、四月に東京ディズニーランド開園、七月に任天堂が家庭用ゲーム機「ファミリーコンピュータ」を発売。NHKの朝の連続テレビ小説『おしん』は平均視聴率五十二・六%の大人気となった。

三月一日の日記

朝八時起きてみると、お父さんこたつで寝ていて部屋中ガス臭い。ヤカンのかけっ放しから湯がふきこぼれて途中でガスが消えたらしい。それこそ自殺行為に等しい。家中開け放ち二階までもガスの匂い充満。家の中に居るのもいやだから門の外掃く。

午後リーグ（ボウリング）に全然打てず吉岡さんに全敗。大吉高校卒業して通子栗おこわとお刺身おいてくれてあった。主人碁より七時半帰ってくる。

五十代頃から健康のためと生活を楽しむために、熱心にボウリングに通い始める。

友達も出来、レディースクラブのリーグ戦に参戦し、月例大会ではたびたび

昭和53年家族写真（千江子60歳、秀夫70歳）

優勝もする腕前になった。スポーツ少女だった若き日の血が老年になっても健在だったことを証明して、前向きに生きる力を与えていたようだ。ボウリングは八十五歳まで続け、全国長寿ボウラー番付の大関としても表彰された。

三月二十五日の日記
天気よし。午後加藤、大島さん来て主人も入ってジャン（麻雀）する。六時終わりお二人送り、帰ってきたらお父さん庭で倒れていて、しばらく芝生で休ませて家の中へ入れ、寝せてから医者と救急車呼ぶが七時五十五分息を引き取る。通子、賢、尚典かけつけてくれ、江戸さん母娘、大島さん、加藤さんもかけつけてくれる。十一時葬儀屋来て入棺する。

父は母より十一歳年上だった。住友金属に勤めていた甲子園時代は検査役として全国の支社や関連会社をしょっちゅう回っていて出張が多かった。そのため家父長制の意識がまだ残っていた時代だったが、家庭はほぼ母が中心となって、子供の面倒や日常の生活を切り盛りしていた。たまに父が家にいても、黙々と一人で碁を打っているか、疲れてソファで寝ている姿を見ることが多く、子供の目には会話の少ないぐうたら親父にしか映らず父の存在感は薄かった。しかし、会社員でありながらいつ勉強をしていたのか、四十五歳の時に公認会計

見事なフォームでストライク！

レディースクラブの
ユニフォーム

ボウリングに熱中した

中山律子さんからの
サイン

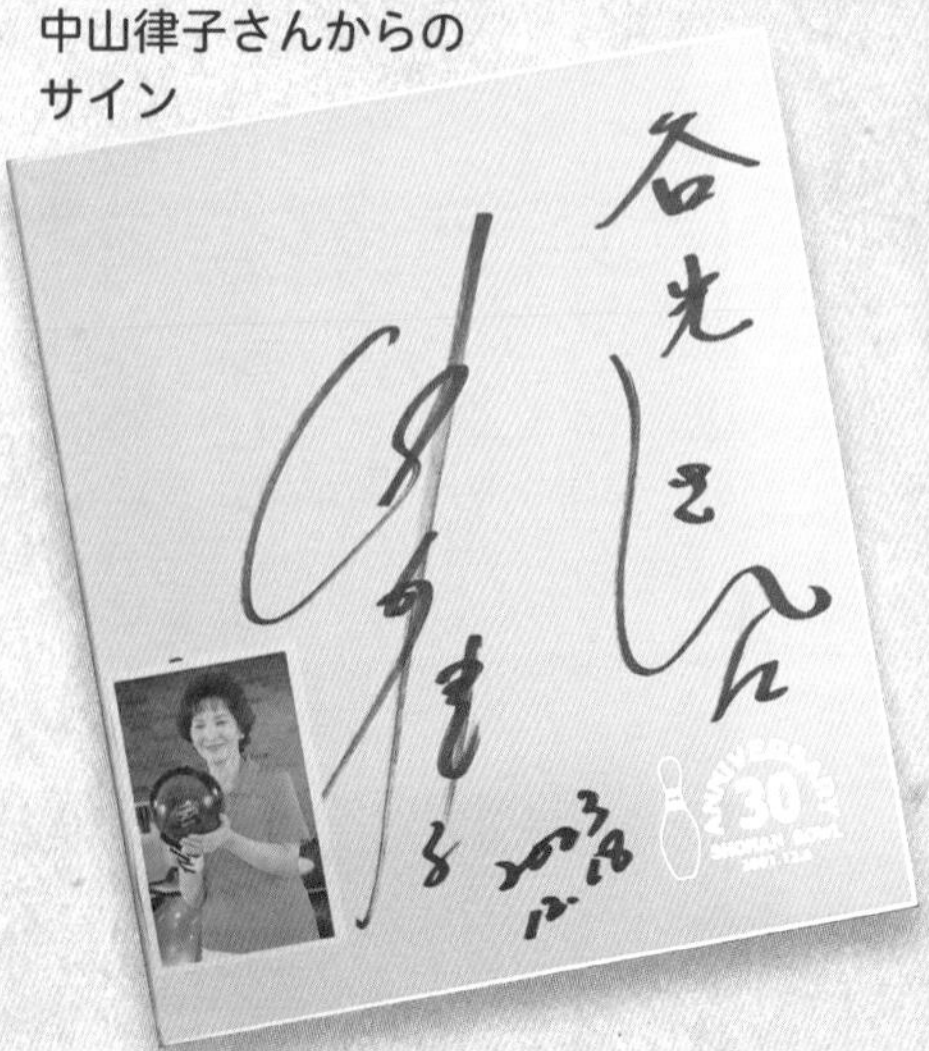

クラス別大会で堂々優勝

大切に保存されていたトロフィーと楯

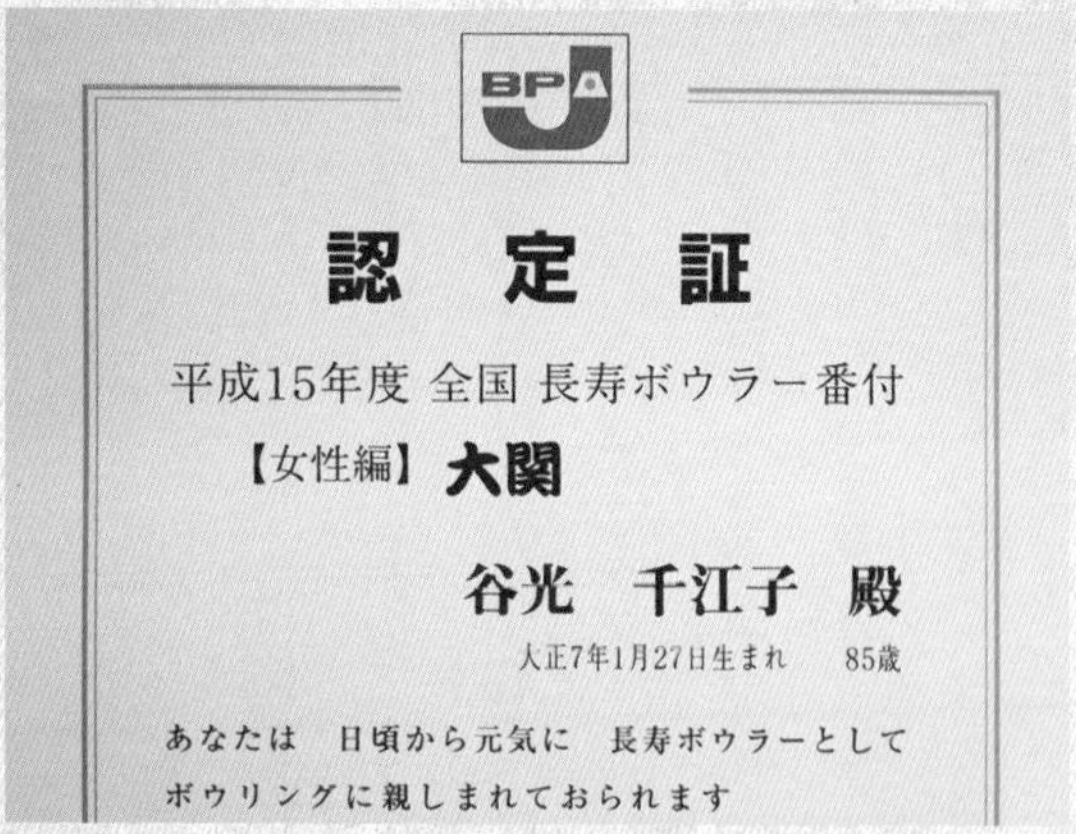

BPAJ

認　定　証

平成15年度 全国 長寿ボウラー番付

【女性編】大関

谷光　千江子　殿

大正7年1月27日生まれ　85歳

あなたは　日頃から元気に　長寿ボウラーとして
ボウリングに親しまれておられます

全国長寿ボウラー番付女性編で「大関」(85歳)

士の国家試験に合格。会社員を辞めた後に公認会計士として亡くなるまで働いたのには改めて尊敬する。また、甲子園時代に飼っていたジョニーというスピッツ犬が亡くなった時には、思いのこもった追悼の文を書いて家族に公開し、その愛情あふれる名文に家族全員で涙すると共に悲しみを新たにしたことがあり、寡黙の中にある父の人間性を見直すきっかけとなった。人間の人となりは外見や日頃の態度、会話だけで推し量ると見誤るということを注意すべきだ。

八月十五日の湘南朝日歌壇に母の短歌が掲載される。

小庭辺に咲きたる花を室ごとに活けて朝な夕を
孤《ひと》りさびしむ

夫を亡くし一人暮らしになると、元気だった母も、さすがに体や気力の衰えを感じるようになったのか、老後のことを気にする記述が多くなって来る。

老人の生活と心構え
一、無理なく身体を使うこと。軽い体操や散歩などで身体を動かし、その場合、暑さ寒さには、それにかなった服装に気を付ける。
一、なるべく若い人たちと接するよう心掛けること。それによって新しい考え方を取り入れ、精神的に若返るようにする。
一、新聞や雑誌を出来るだけ読んで、社会のことを知るように心掛けること。
一、何か自分に合う趣味を持って楽しみとし、そこに生きがいを見つけること。
一、老人クラブその他の会合に顔を出し、多くの人と話し合うこと。また無理のない範囲で旅行に参加し見聞も広める。
一、記憶力の衰えを防ぐよう、メモを取ること。
一、食事は〝腹八分目〟を守り、アルコール類は一合程度の量なら血行を良くし気分をさわやかにするからよいが、タバコは百害あって一利なし。野菜、果物はよくとること。
一、よく眠ること。夜寝られない場合は、その分昼寝をすること。
一、風呂は熱湯は避け、あまり長湯はしないこと。
一、常に姿勢を正しく保ち、また頭を使うよう心掛けること。

人生訓（昭和五十八年三月）六十五歳

人生は旅であり、生まれてすぐゆりかご列車に乗って、長い人生墓場迄旅立ってゆくのです。旅の中での出会い（結婚など）、経験（出産など）で人は大きくなるのです。その中に人に「与える喜び」「奉仕の心」を身につけて、人生の旅を終わりたいものである。

昭和五十九年（1984）六十六歳

章の映画製作が新聞記事に掲載される

この年、宮崎駿の長編アニメ映画『風の谷のナウシカ』が公開される。ロサンゼルスオリンピックで山下泰裕が柔道無差別級で金メダル、カール・ルイスが百m（9・99秒）、二百m（19・80秒）、走り幅跳び（8・54m）、四百mリレー（37・83秒）の四種目で金メダル。

一月一日の日記

章の記事が朝日新聞に出ていると徹（賢の長男）が知らせに来て章起こす。元日早々縁起の良いこと。大変うれしい。午後賢の家族、小田中寄って賑やかに祝宴をはる。晩大吉、広次、毅、章、私と交代でジャンする。十二時半一同帰る。

孫五人にお年玉やり（25、000円）賢、章より頂く（20、000円）。上天気でおだやかな元旦の一日だった。

日本映画新社を退職して、フリーの演出家としてテレビの番組や企業のPR映像を作っていた私は、前年から、短編ドキュメンタリー映画『さわる絵本』

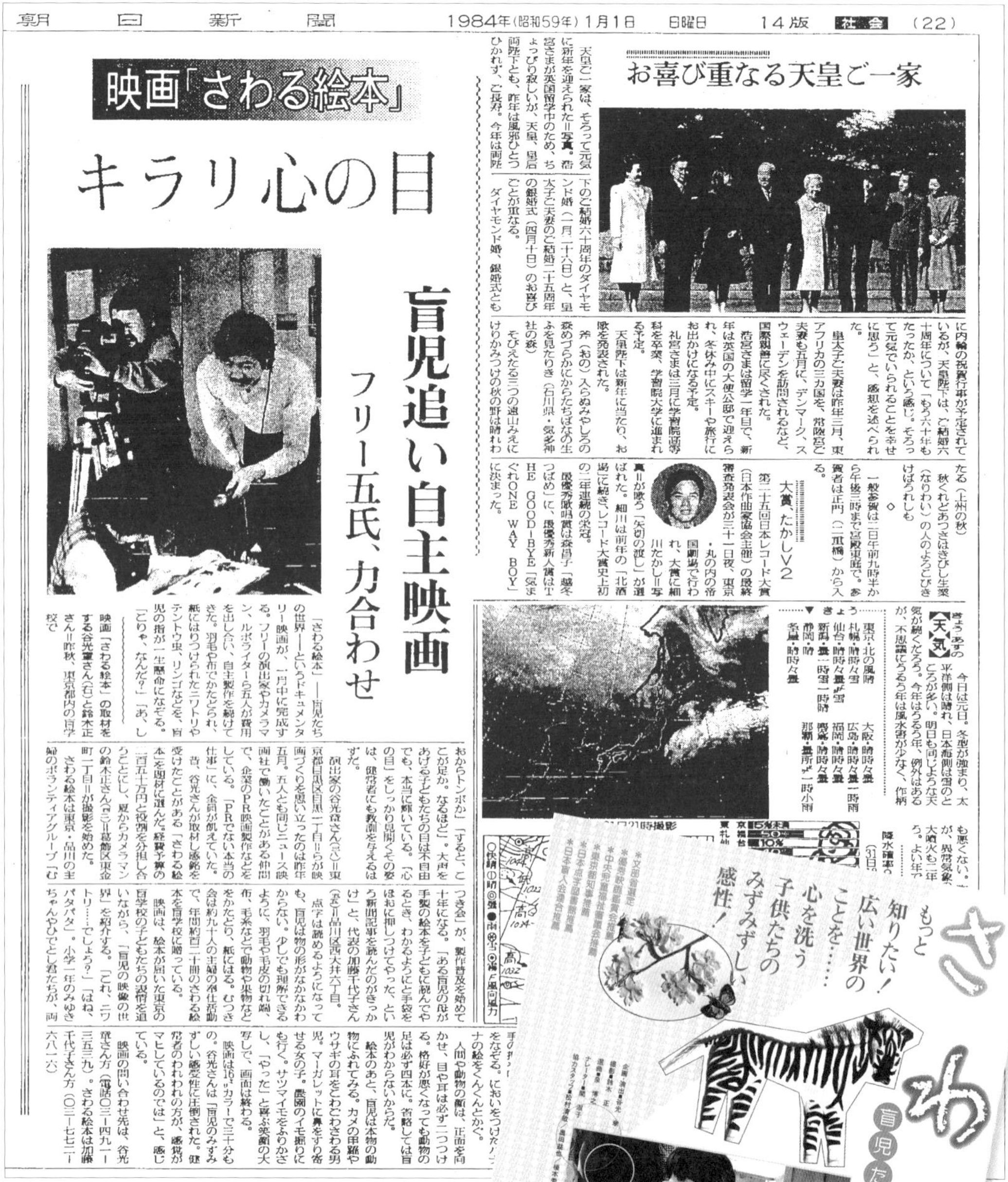

朝日新聞　1984年(昭和59年)1月1日　日曜日　14版　社会　(22)

映画「さわる絵本」

キラリ心の目

盲児追い自主映画

フリー五氏、力合わせ

映画「さわる絵本」の取材をする谷光章さん(右)と鈴木正さん＝昨秋、東京都内の盲学校で

「さわる絵本」——盲児たちの世界——というドキュメンタリー映画が、一月中に完成する。フリーの演出家やカメラマン、ルポライターら五人が費用を出し合い、自主製作を続けてきた。羽毛や布でかたどられ、紙にはりつけられたニワトリやテントウ虫、リンゴなどを、盲児の指が一生懸命になぞる。「こりゃ、なんだ?」「あ、しおからトンボか」「すると、ここが足か。なるほど」。大声をあげる子どもたちの目は不自由でも、本当に輝いている。「心の目」をしっかり見開くその姿は、健常者にも教訓を与えるはずだ。

演出家の谷光章さん(三八)＝東京都目黒区目黒一丁目＝らが映画づくりを思い立ったのは昨年五月。五人とも同じニュース映画社で働いたことがある仲間で、企業のPR映画製作などをしている。「PRでない本当の仕事」に、全員が飢えていた。

昔、谷光さんが取材し感銘を受けたことがある「さわる絵本」を題材に選んだ。経費予算の二百五十万円と役割を分担し合うことにし、夏からカメラマンの鈴木正さん(三三)＝葛飾区東金町一丁目＝が撮影を始めた。

さわる絵本は東京・品川の主婦のボランティアグループ「むつき会」が、製作普及を始めて十年になる。「ある盲児の母が手製の絵本を子どもに読んでやるとき、わかるようにと手袋をほおに押しつけてやった、という新聞記事を読んだのがきっかけ」と、代表の加藤千代子さん(五五)＝品川区西大井六丁目。

点字は読めるようになっても、盲児は物の形がなかなかわからない。少しでも理解できるように、羽毛や毛皮の切れ端、布、毛糸などで動物や果物などをかたどり、紙にはる。むつき会は約九十人の主婦の奉仕活動で、年間約百二十冊のさわる絵本を盲学校に贈っている。

映画は、絵本が届いた東京の盲学校の子どもたちの表情を追いながら、「盲児の映像の世界」を紹介する。「これ、ニワトリ……でしょう?」「はね、パタパタ」。小学一年のみゆきちゃんやひでとし君たちが、両……をなぞる。においをつけたバナナの絵をくんくんとかぐ。

人間や動物の顔は、正面を向かせ、目や耳は必ず二つつける。格好が悪くなっても動物の足は必ず四本に。省略しては盲児がわからないからだ。

絵本のあと、盲児は本物の動物にふれてみる。カメの甲羅やウサギの耳をこわごわさわる男児。マーガレットに鼻をすり寄せる女の子。農園のイモ掘りにも行く。サツマイモをふりかざし、「やった」と叫ぶ笑顔の大写しで、画面は終わる。

映画は16ミリカラーで三十分もの。谷光さんは「盲児のみずみずしい感受性に圧倒された。健常者のわれわれの方が、感覚がマヒしているのでは」と、感じている。

映画の問い合わせ先は、谷光章さん方(電話〇三—四九一—三五三九)。さわる絵本は加藤千代子さん方(〇三—七七二—六八一六)。

お喜び重なる天皇ご一家

天皇ご一家は、そろって元気に新年を迎えられた＝写真。浩宮さまが英国留学中のため、ちょっぴり寂しいが、天皇、皇后両陛下とも、昨年は風邪ひとつひかれず、ご長寿。今年は両陛下のご結婚六十周年のダイヤモンド婚(一月二十六日)と、皇太子ご夫妻のご結婚二十五周年の銀婚式(四月十日)のお喜びごとが重なる。

ダイヤモンド婚、銀婚式とも に内輪の祝賀行事が予定されているが、天皇陛下は、ご結婚六十周年について「もう六十年もたったか、という感じ。そろって元気でいられることを幸せに思う」と、感想を述べられた。

皇太子ご夫妻は昨年三月、東アフリカの三カ国を、常陸宮ご夫妻も五月に、デンマーク、スウェーデンを訪問されるなど、国際親善に尽くされた。

浩宮さまは留学一年目で、新年は英国の大使公邸で迎えられ、冬休み中にスキーや旅行にお出かけになる予定。

礼宮さまは三月に学習院高等科を卒業、学習院大学に進まれる予定。

天皇陛下は新年に当たり、お歌を発表された。

斧(おの)入らぬみやしろの森めづらかにからたちばなの生ふを見たりき(石川県・気多神社の森)

そびえたる三つの遠山みえにけりかみつけの秋の野は晴れわたる(上州の秋)

秋くれどあつさはきびし生業(なりわい)の人のよろこびきけばうれしも

◇

一般参賀は二日午前九時半から午後三時まで宮殿東庭で。参賀者は正門(二重橋)から入る。

大賞、たかしV2

第二十五回日本レコード大賞(日本作曲家協会主催)の最終審査発表会が三十一日夜、東京・丸の内の帝国劇場で行われ、大賞に細川たかし＝写真＝が歌う「矢切の渡し」が選ばれた。細川は前年の「北酒場」に続き、レコード大賞史上初の二年連続の栄冠。

最優秀歌唱賞は森昌子「越冬つばめ」に、最優秀新人賞はTHE GOOD-BYE「気まぐれONE WAY BOY」に決まった。

【天気】きょう・あすの

今日は元日。冬型が強まり、太平洋側は晴れ、日本海側は雪のところが多い。明日も同じような天気が続くだろう。今年はうるう年、例外はあるが、不思議にうるう年は風水害が少なく、作柄も悪くない。…が、異常気象、大噴火も二年…う。よい年で…

▼きょう

東京・北の風晴　札幌・晴時々雪　仙台・晴時々曇#雪　新潟・曇一時雪一時晴　静岡・晴　名古屋・晴時々曇

大阪・晴時々曇　広島・晴時々曇一時雨　福岡・晴時々曇　鹿児島・晴時々曇　那覇・曇所ゞ一時小雨

…21時撮影

章の自主映画を伝える記事

短編ドキュメンタリー映画
『さわる絵本』チラシ

を製作していた。目の不自由な子供たちに触って感じてもらい、理解をしてもらうために、絵を立体的にしてイメージを掴めるようにした絵本を作っているお母さんたちの、活動の様子とふれあいを描いたものである。その紹介記事が朝日新聞元日の紙面に掲載されたのだ。この記事がきっかけとなり、後に日本ヘラルド映画配給で紺野美沙子《こんのみさこ》主演の『しのぶの明日』の併映作品として全国東宝系の劇場で上映された。

昭和六十年（1985）六十七歳
かな文字書道、麻雀でボケ防止

この年、民営化により日本電信電話公社が日本電信電話株式会社（NTT）に、日本専売公社が日本たばこ産業株式会社（JT）となる。八月に日航ジャンボ機墜落で坂本九ら五百二十人が死亡。

母の習字は女学生時代から続いていて、日記の文章も大半が達筆で書かれている。

六十歳を過ぎた頃から凌雲《りょううん》書道会に属し、毎月送られて来る教本雑誌に手習いしたものを送り、添削してもらって腕を磨くようになる。

そして、主にかな文字で市民展などにも応募を始めた。

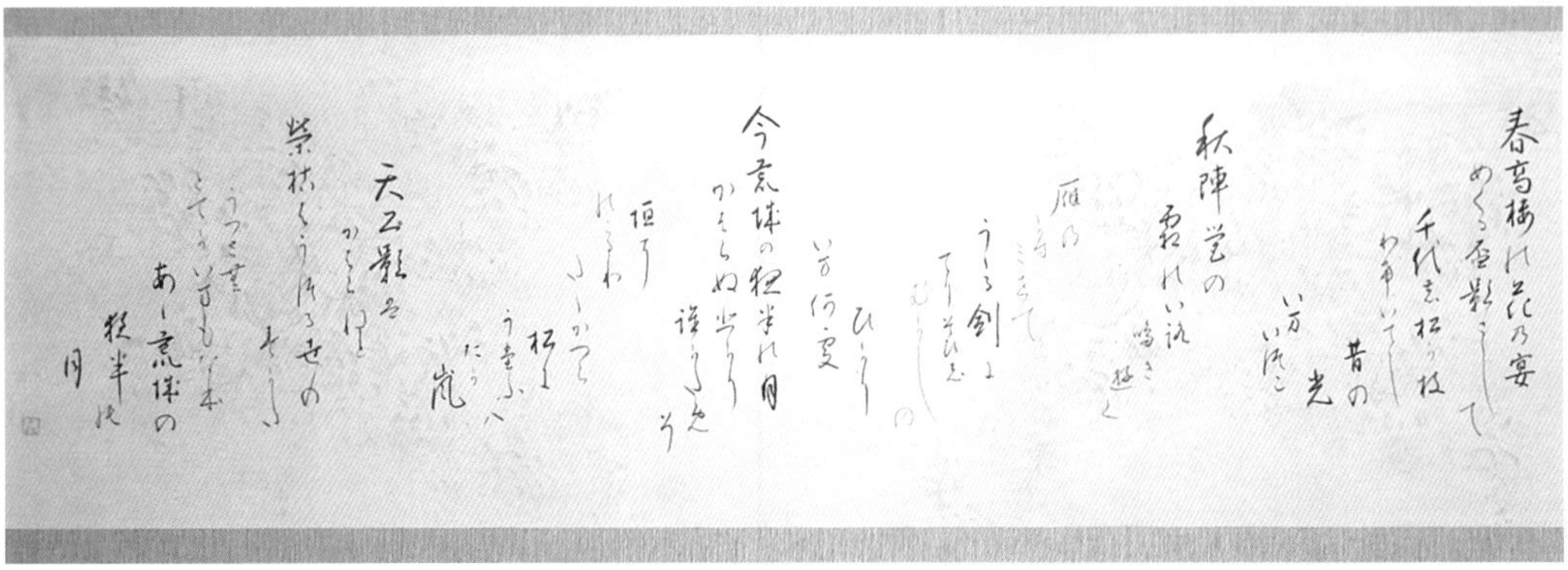

市民展に出品した、かな文字の作品

七月十四日の日記
凌雲書道会にペン、かな出す。市民短歌も出す。昼ソーメン食べ、午後さいか屋へ買物にゆく。レインコート買う。三時半帰りゴルフ見てたら大吉来る。おじいちゃんのズボン、夏背広の二本持って帰る。
西瓜280円、野菜606円、レインコート13,520円

八月十二日の日記
天気よし。十時よりうちでジャン　奥村さん、柴田、福沢さん見える。最初私一人負けで二度もヤキトリするが、いっぱつつもが二度もあり、9時半まで皆遊ぶ。
『白鷺』来てお習字六段になり写真版に出る。

この頃から、孫とその友人たちに習字を教えるようになる。
麻雀は父や母の友人たちと、また家族とも若い頃から楽しんでいた。

八月十三日の日記
天気よく暑し。昨夕ジャンボ機が落ちて520人死亡、4人の生存者あり。午後リーグ（ボウリング）に行く。354しか打てず。帰り江戸さん、大島

さんに見てもらって小田急で椅子のセット買う。
ピーコック1、011円、リーグ1、600円、氷480円、ガソリン3、082円

つねちゃん（千江子の従弟で世界的な前衛花道家・中川幸夫）

人生を考える

昭和六十一年（1986）六十八歳

一月十六日の日記

うす曇りの寒い一日。気温五度より上がらず。お年玉はがき切手三枚当たる。マリオンのプレゼントに残りの年賀はがきで三枚出す。どうせ当たらないけど。お手伝いのMさん寄って来て上がり込み話す。夜つねちゃんテレビ（家元制度について）に出る。

一月二十六日の日記

天気よいが寒い。昼近く急にお腹痛くなる。章来て生ラーメン茹でて作る。私も少し食べる。午後マラソン見たりバレーボール炬燵で見る。小田中一家も来て賢のとこで手巻き寿司、通子がケーキおごり、章が綾菊という酒持って来て一日早い誕生日を祝ってくれる。

二月二十八日の日記

朝起きるとうっすらの雪、でも陽が出てすぐ溶ける。九時半井坂さんひろって加藤さんへ横田さんとジャン。加藤さんの一人勝ち。広次日大合格と報告に来る。お祝いに五万円やる。しっかり勉強しますとしおらしいこと云う。

三月九日の日記

晴れ、朝八時広次に起こされる。徹万（徹夜マージャン）してきた由。すぐ寝せる。私は十時婦人センターへ十時半より十二時まで映画『黄昏《たそがれ》』（注44）感動して見る。午後、阿部進さんの講演聞いて四時半帰宅。広次も起きていて今日子も来てゲームで遊んでいた。六時からアスターで広次と徹の入学祝いする。総勢九名、八時に帰って来てケーキ皆で食べる。十一時解散。

九月二十五日の日記

九時過ぎお習字にゆく。今日が最後で先生にも挨拶してくる。帰り小田中に寄り、昼ピラフよばれて『愛のチャリティーショー』の券もらって一時半から市民会館へゆき、渡辺はま子の歌聞き、涙とめどなし。四時終わり帰り色紙くれる。帰ってから十字屋へ支払いにゆく。

筆８００円、パン１４０円、サラダ１８０円、カーディガンピンク２、

900円、（十字屋外商）カメラ39、800円、カメオ指輪35、150円

この年の「ひとりごと」

人生八十年時代を迎え、私たちの生活環境や家族関係も大きく変わりつつあります。

二十一世紀には、親子共白髪時代になり、親が八十代、子が六十代、孫が四十代という親子二世が老いの身となる、そんな時代がいよいよやって来るのです。生きるということは、学ぶということであると考えて、何事もくじけず、そして身も心も美しく老いる、そのような人生を送りたいものです。

藤沢市民短歌高得点

「一人居に慣れしといえどふと侘びし今日は一度も声出さずゐて」

昭和六十三年（1988）七十歳

朝日新聞「こころ」に投稿掲載される

この年、全日空が「スチュワーデス」の呼称を「キャビンアテンダント（CA）」に変更。性差別を無くすため。青函トンネル開通。本州四国連絡橋の瀬戸大橋

開通。

この年の七月、朝日新聞の「こころ」のページに母の投稿が掲載される。

母の口ぐせ

女の子ばかり三人を育てて来た母は、四十二歳で未亡人になった。私はその三人娘の末っ子。姉二人もそれぞれ健在で頑張っているが、この三人娘に家事、裁縫を教え込み、年ごろになれば、それぞれに嫁入り支度をして結婚させてきた母の苦労は、ひとかたではなかったことと、今更ながら頭の下がる思いである。

その母が三人娘を横に、よる布団に入ると、よく「ねたまこそ人に変わらぬ我が身かな」と、しんみりつぶやいていた口ぐせが今も耳から離れない。忘れ得ぬ母の思い出の一つである。母は七十七歳でこの世を去った。苦労を口に出さず、昔の女の人は辛抱強くて偉かったなあと、感心するばかり。今も時たま夢に出て来て、干しブドウを入れたケーキを焼いてくれたりする母である。（谷光　千江子・無職・70歳）

八月十一日の日記

バケツをひっくり返したような大降りの一日。昼間ちょっと止むが、夕方から又ひどい降りになる。高橋さんからＴＥＬあり韓国行きビザがいるそうな。髪洗う。通子から今日子行ってるかとＴＥＬ。ＮＯ。国際証券、角丸証券からもＴＥＬ。三菱信託株を買えと。いやじゃ！　株屋の言いなりになるものか。

七

平成前半（平成十三年〜十九年）八十三歳〜八十九歳

作品集制作・オレオレ詐欺

平成十三年（２００１）八十三歳

作品集を制作

この年、四月に「自民党をぶっ壊す」とアピールした小泉純一郎が総裁選で勝利し、小泉内閣が発足した。

九月十一日アメリカ・ニューヨークで同時多発テロ発生。

アメリカ・メジャーリーグのシアトル・マリナーズに移籍したイチロー選手がＭＶＰ、首位打者、盗塁王、新人王、ゴールドグラブ賞に輝く。

田中千代服装学園卒業以来、様々なジャンルに興味を持ち、幅広い趣味に楽しみながら打ち込んだ母。ろうけつ染、七宝焼き、木目込み人形、短歌、書道（かな文字）、洋裁、刺繍（フランス・スウェーデン・クロスステッチ）、押絵、麻雀、ボウリング、旅行。それらの中から主な作品を作品集としてまとめ、自分史を綴った。

そして最後にこう記した。

作品集と云っても編集や構成が大変な仕事だったと思うが、親思いの孝行息子（章）よくやってくれました。感謝の一言につきます。私も親バカをむき出しにして、過ぎ去った日々を懐かしみながら人生とは色々な出来事に遭

クロスステッチ
「ジェームズ・ディーン」(1993年)

「ひまわり」(1996年)

クロスステッチに夢中

作品集制作
(2001年83歳)

「カントリーガーデン」(2000年)

「秋」(2004年)

「BALLERINA」(2000年)

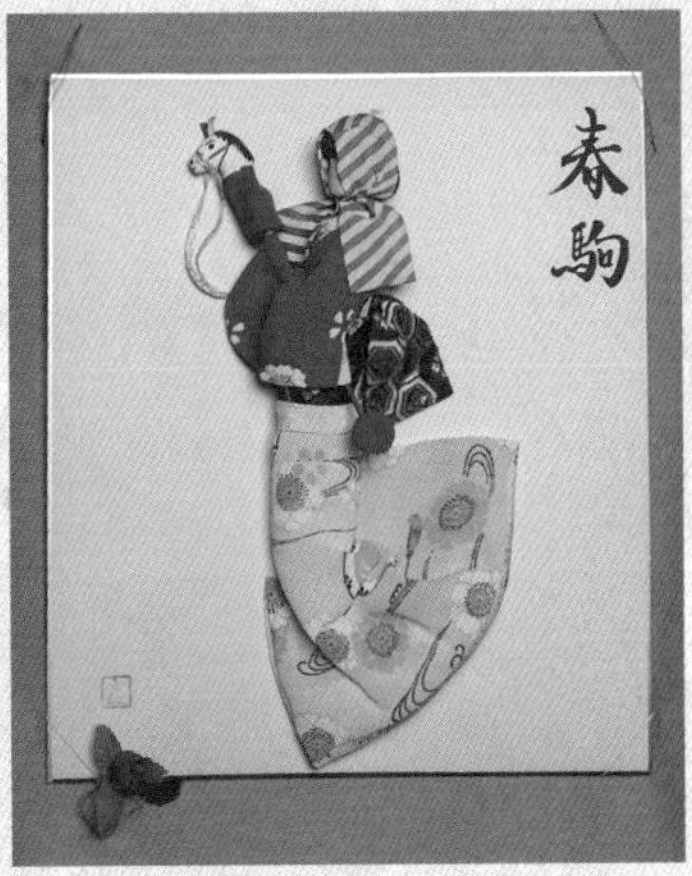

押絵「春駒」

遇し、多くの人たちに出会い助けられ、喜び悲しみをかみしめながら、春夏秋冬を過ごして終わって行くものだなあと、つくづく感じつつ八十三年間の自分史と致します。

平成十三年十月吉日　谷光　千江子

平成十九年（2007）八十九歳

オレオレ詐欺にやられた！

この年、第一回東京マラソンが開催された。また、郵政事業の民営化が始まった。

いまだに大きな被害が繰り返されている「オレオレ詐欺」「振り込め詐欺」などの特殊詐欺事件。一九九九年から二〇〇二年にかけて「俺、俺」と身内を装って指定した銀行口座に振り込ませる手口で十一人からお金をだまし取った事件を「オレオレ詐欺」と称するようになった。この手口に母がまんまとひっかかってしまった。

一月二十九日の日記

天気よし。パン食、広次（通子の次男）からTEL。えらいこっちゃ。子

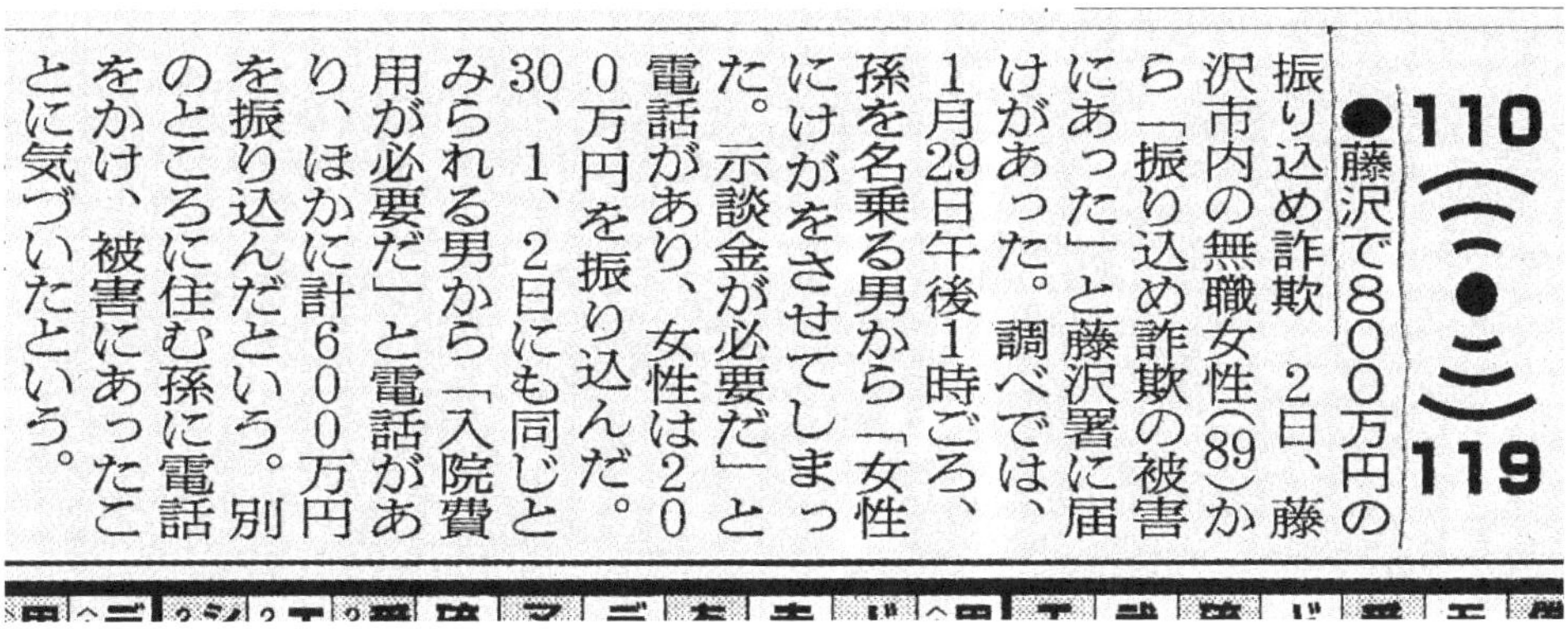
110
119
●藤沢で800万円の振り込め詐欺　2日、藤沢市内の無職女性(89)から「振り込め詐欺の被害にあった」と藤沢署に届けがあった。調べでは、1月29日午後1時ごろ、孫を名乗る男から「女性にけがをさせてしまった。示談金が必要だ」と電話があり、女性は200万円を振り込んだ。30、1、2日にも同じとみられる男から「入院費用が必要だ」と電話があり、ほかに計600万円を振り込んだという。別のところに住む孫に電話をかけ、被害にあったことに気づいたという。

千江子の振り込め詐欺被害を伝える記事

安さん本返しに来てアメ持って来て、花スイトピーやらん、水仙持ってゆく。私郵便局から下して銀行へ振込にゆく。今日子が誕生祝いと豊島屋のお菓子持って来る。

　200万振込料840円

一月三十日の日記

天気よし。暖かし。広次から又TELあり。相手の女の子が目の手術をするので又200万いると。もうこれ以上はいやよと三菱銀行から振込んでやる。困ったことだ。お茶の会社からチョコとこいまろ茶来る。振込に行く。

　こいまろ茶・チョコ二箱4、095円、花の切手1、000円

二月一日の日記

資源ごみ出す。かぼちゃと牛乳のスープでパン頂く。広次から又無心が来る。サラ金に借りて会社の金も使い込んでいる由。全くあきれるがほっとけなくて、又200万振込む。三菱銀行の米国債とオーストラリア債解約してくる。お金になるのに五日位かかる由。ホトホト疲れる。

　りんご350円、生姜80円、すし・唐揚げ298円、わかさぎ198円

二月二日の日記

天気よし。朝食パン。お昼も食べない間に又広次より無心が来てつらく、銀行へ走る。又200万送る。二時半帰宅、メガネがなくて大騒ぎ。あった、あった。夕方サギに遭ったことがわかり110番して、おまわりさん来て賢と一緒にケイサツへ30分ほど聞かれて帰る。通子もかけつけてくれて八時半まで皆で話す。夕食鍋焼きうどん食べる。

二月三日の日記

上天気、暖かし。角《すみ》さん（賢の妻の実家）とこ一周忌で賢ら三人お詣りにいく。私気分さえず食欲なし。サギの記事新聞に出ている。ジャガイモ、人参、玉葱、トマト、リンゴ、キャベツでシチュー作る。

人を疑うことなく天真爛漫に生きて来た母は、まんまと見事に詐欺にひっかかって八百万円という大金を失った。人を信じて成功を掴むこともあるが、ネット上で様々な情報が飛び交い、益々複雑な世の中になった今、どんなに切羽詰まってとっさの判断が出来ない場合でも、一歩下がって冷静になり、自分の気持ちを見直す余裕を持つことが一層大切になって来る。

オレオレ詐欺にひっかかり、しばらくさすがに落ち込んでいた母だったが、ご近所のお年寄りばかりが、あるお宅に寄り合って、時々開かれるマージャンに参加するようになる。それからは、勝ったり負けたりを繰り返しながら元気を取り戻して行った。この集いは九十七歳まで続いた。

寿 高齢になったり、一人暮らしになった場合、出来るだけ地域のイベントやサークル活動に参加するのも良い。老若を問わず、様々な人と交流を楽しむことで、ストレスを解消でき細胞を活性化させるので元気に過ごすことが出来るのだ。

八

平成後半・令和（平成二十六年〜令和三年）九十六歳〜百三歳

認知症・これからのこと

初曽孫誕生に
喜ぶ（96歳）

平成二十六年（2014）九十六歳

章との同居、老々介護

一月六日の日記

晴れ、気温は寒し。歩くのがよちよちで郵便局へ行くのも大変。先が思いやられる。章からTELで若菜（孫）が女児出産とのこと。お目出度《めでと》う。9時過ぎ寝る。

三月三日の日記

晴天。腰が痛くてあんま器掛けたり、シップ貼ったり。昼間は寝ている。今月は気温が低いそうで寒さつづく腰に悪い。

この頃から要介護2と認定され、毎週火曜日と金曜日はデイサービスに通い出す。

三月十四日の日記

八時四十分車が迎えに来てくれて、クローバー（通所リハビリ・クローバーデイケアセンター）へ一日体験へゆく。風呂に入ったり、昼よばれたり。賢と育子さんも見学に来る。午後四時送ってくれる。

十一月二十三日の日記

暑くもなく、寒くもなく、よい天候。賢と徹の家族軽井沢へいく。どこへも行き場のないバアさんは、終日家にこもり過ごす。九時に寝る。

十二月二十六日の日記

上天気、今日はどこへも行かず。昼５００円のお弁当が来る。(賢が申込んでくれた)おいしかったけど、どうってことはない。終日テレビが友達。だって誰も来ないんだから仕方がない。ニュース見て九時寝る。

九十を過ぎても大正末期に建てられた古い民家に一人で住んでいた母。要介護２と認定されて、週一回ヘルパーさんが来るようになり、一時間ほど掃除、洗濯、身の回りのことをしてくれる。また週二回車が迎えに来て、朝から夕方までデイケアセンターで入浴、昼食、リハビリ、認知症予防のゲームやクイズをして過ごす。普段の日は、契約業者から昼の弁当が届けられ、同じ敷地に住む兄夫婦が時々様子を見に来たりしていた。

杖をついたら何とか歩けるが、たまに転んで、しばらく立ち上がれないでいることがあったという。認知症も少しずつ進み、足腰も弱って来ている。時々実家に顔を出すと、近くに住んでいるピアノ教師の私の姉が来ていて一緒に夕飯を食べることがあった。

そんな折、母が人のおかずを取ったり、食べていたものをこぼしたりすると姉がきつく叱る場面を何度も目にすることがあった。姉には「叱っても認知症は良くならないよ」と注意するのだが、効き目がない。そんな母の状態を見たり、聞いたりするうちに、残り少ない日々を楽しく穏やかに母らしく過ごしてもらうためには、母の性格を理解できる家族と一緒に暮らすのが一番幸せなのではないだろうか？　と思うようになった。

幸いパソコンとインターネットがあれば、どこでも仕事が続けられる映像クリエーターの私が、仕事場と住む場所を実家に移して、母の介護をしながら暮らすことを決断した。仕事をしている妻とは別居になるが、以前から生活サイクルが合わなかったり、妻と母の折り合いが良いほうではなかったりで、お互いそれほど抵抗感はなかった。

こうして、私にとっては二十数年後の自分の姿を見、体験できる貴重な機会、母九十七歳、息子六十九歳の老々介護、在宅介護の日々が始まった。

これからの展開は拙著『１００歳介護　幸せのレシピ』（幻冬舎ルネッサンス）に譲る。

午年の千江子は
沢山の馬の置物
を集めていた

平成二十七年（2015）九十七歳

九十七歳の思い

短歌

「よくもまあ息も切れずにコツコツと九十七年の坂を上りたり」

四月十五日の日記

今日は一日中良い天気。どこへも行かず過ごす。誰も来ず。生きてゆくのに自信がなくなる。九十七歳だもんね。近々お迎えが来るんじゃない？ そんな気がする。もう生きてゆくのがしんどい。でも、もう少し頑張ろう。

五月八日の日記

天気よし。章やって来る。終日片付けばかり。夕方買物に行ってくれる。一日ずれて今日は木曜日だと章に注意される。いよいよボケて来たよ。

八月の欄外メモ

九十七歳のおばあちゃん、今のところ何の心配もなく毎日を、のほほんと過ごしています。願い事は笑ってコックリあの世へ行きたいです。

平成二十九年（2017）九十九歳

これからのこと

一月一日の日記

一点の雲もなく上天気。大吉の運転で五名で初詣、鎌倉の龍口明《りゅうこうみょう》神社へ。帰り片瀬山から見事な富士山を眺める。帰ってから皆で飲む。タコ公園で男たち子供遊ばせる。穏やかな正月なり。通子、今日子夕食もして九時半大吉の車で帰る。おだやかな正月も終わり、新しい新年の始まりが始まる。元気でいざ、出発！

一月十日の日記

晴天。八時クローバーゆき。四時帰って来る。佐藤さんから電話があったと云うので岡山へ電話する。元気だった、お互いによかったよかったとよろこぶ。五時夕食の支度、今夜は何にしよう？

一月二十三日の日記

日記書かなかったら何も忘れていて書くことなし。

……………
一月二十四日の日記
今日も日記書けなかった。一体何してたんだろう？
……………
一月二十七日の日記
九十九歳の誕生日、皆来てくれる。お祝いする。白寿なり。

この文章を最後に、昭和十三年からほとんど休むことなく七十九年間書き続けて来た家計簿付き日記は、以降空欄のままとなった。


母と一緒に暮らし始めてからおよそ三年。

会話の中で時々自分の歳を尋ねて来る。

母「九十八言うんね、九十九言うんね」

「誰かに歳を聞かれたら？」

母「どっち言うんね、歳聞かれたら。いくつ？」

「いくつなの？」

母「知らん」

「知らん？　なんで？」

母はデイケアセンターからもらった、一年前の誕生日祝いの色紙を見ながら、母「ここに九十八と書いてくれてあるのはね、平成二十八年」と言う。

「平成二十八年に九十八でしょ？　今、平成二十九年」

母「二十九年？　ほんだらもう、九十九言うといたらええん？」

「九十九言うといたらええやん、大丈夫や」

母「ふぅーん、わたしゃ、どっちでもええけどね」

「どっちでも、えっへっへ。その歳になると、もう九十八でも九十九でも大して変わらないやん、ね」

母「ふん」

そして、これからのことを話し合うこともあった。

「私の先輩の奥さんから手紙が来てさ」と、封筒を開けて手紙を取り出す。

母「亡くなったんね」

「そうそうそう、亡くなったの」

母「ほれで？　お悔みあげたん？」

「いやいや、だからね、本人の意思により」

母「お悔みいらん言うよん？」

「そう、もう」

母「ご辞退、そらそうや」

「だから、まったくね」と手紙の文章を読み出す。

「植物人間になりたくないと」

母「ふん」

「延命治療はするな。自分が死んでも、あちらこちらに知らせずに、親しい身内だけで見送ってほしい」

母「ふんふん」

「お坊さんを呼ぶな。お香典をもらうな。霊安室はいやだ。この部屋で死にたい」

母「うん、偉いえらい」

「おっほほほ、もうこう事前にさ、奥さんにちゃんと、そうしてくれって」

母「言われとるから、頼まれとるん。それで奥さんは？」

「そのようにしてさ、それでもう三月の末に亡くなったんだけどね、お手紙もらったのは五月でしょ？」

母「うん」

「今まで知らせなかった」

母「それでも章は送るん？」

「いやいや、だから、お参りには行くつもりなんだけども、香典持って行っても受け取らないでしょうから、別のなんか？」

母「ご仏前ね」

「ご仏前でまあ、お線香とか」

母「あ、そうそうそう」

「なんか、そういったものをね」

母「みんながお線香持って行ったら困るがね」

「他は何、何が考えられるの？」

母「知らん、だってご仏前いうて食べるもん持って行ったってねぇ」

「いやいや、食べるもんって、奥さんも一人になってるからさ、食べきれないよ」

母「そうよ、だからね、どないすんか知らん」

「お母さんは、ちゃんと、こんなはっきり葬式やるな、香典いらないとかって言っとくの？　自分の場合は」

母「言わん、そんなん言わん」

「どうするの？」

母「ほっとくよ」

「ほっとくの？　ほっといて、そして、我々がどんな風にしようか言うて決めるの？」

母「ふん、勝手にしてよ」

「あっはは、勝手にしてよ？　へぇー」

母「わたしゃ、別に、私も香典はいらんと思とるけど、そんな、言い残して死ぬようなことはせん」

「しないの？」

母「いややん、そんなの」

「いやなの」

母「ええ？　するん？　そんなの」

「いやいや、そら、はっきりね自分の意思を伝えてさ」

母「男の人は大抵ね、男の人はするけど」

「男の人じゃなくても、女の人だって、自分はこんな風にしてもらいたいって」

母「へぇー、ほんと」

「お墓に納めんじゃなくてさ、今いろいろ樹木葬とか、海に撒いてくれとかさ、いろいろな仕方があるじゃない」

母「へぇー、知らん。香典はもらうなとか、そんなこと、わたしゃよう言わんわ」

「はっはっははは、香典はちゃんともらって？」

母「だってねぇ」

「そら、費用もかかるからね」

母「香典なんか、どうでもええやん」

「どうでもええ、えっへへ」

母「くれる人はもらうし、来ん人には黙っとりゃええがね」

……………

短歌

「わが姿たとえ媼《おうな》と見ゆるとも心はいつも花の真盛り」

百歳を超えても母は家の中では自分の足で歩き、食事も歳の割にはしっかり食べて、ベッド脇に置いたポータブルトイレで用を足し、腰が痛いと時々訴える他は平穏無事に過ごしていた。しかし、百三歳を迎えた令和三年一月、ベッドから立ち上がった時につまずいて倒れ、頸椎を傷めて救急車で大きな病院に搬送されて入院。その後二か月間のリハビリを経て、介護付き有料老人ホームに入所。一時はハーモニカを吹けるまで回復したが、老衰が進み、百三歳七か月で長い生涯を閉じた。

人の一生の中には、思い通りに行かないことや悔しいと思うこと、苦しくて正常な心持ちになれないこと、自分を駄目だと思い込んで自尊心を無くしてしまうこと、不幸にも自然災害や事故、様々な災難に遭《あ》うこともある。無事に天寿を全う出来ることほど喜ばしいことはない。

誰でも人生を終える時に、苦しい、辛い、惨めで不幸な気持ちで終わりたく

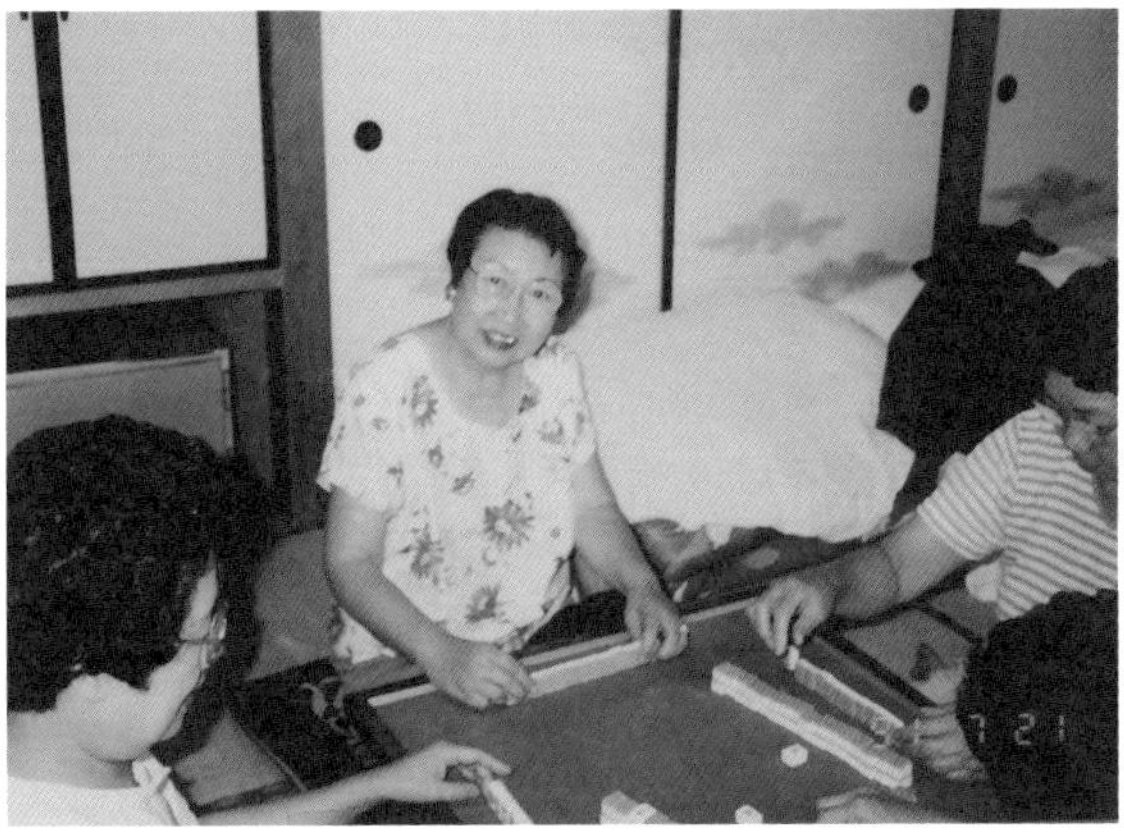

興味を持ったものに常にトライしていた

はない。心穏やかに、ああ幸せだったなぁと思ってあの世に行きたい。どんなに出世して権力や権威を持つようになったり、事業や才能が世に認められて有名になり大金持ちになったとしても、必ずしも幸せを感じて人生を送れるとは限らない。

なかなか我々凡人にはマネ出来ないが、将棋の藤井聡太は、幼い頃から将棋に興味を持ち、詰将棋に夢中になって、高校中退して好きな将棋の道一筋に技を磨いて頂点にまで上り詰めた。

アメリカで活躍する大谷翔平は小学二年生から野球を始め、憧れの打者・松井秀喜、投手・ダルビッシュ有を目標に練習に励み、力を付けて行ってメジャーリーグを代表する二刀流選手に成長している。

両者に共通するのは、「好きなこと」を徹底的に極めて行ったこと。好きで楽しいと思えれば、苦しい試練にも耐え、続けて行くことが出来る。そして満ち足りた心を得て幸せを感じることが出来るのだ。

平凡な専業主婦として人生を送った母の一生は、常に平穏無事だったとはいえない。新婚時代の戦時中の生活体験、ジェーン台風による被害、泥棒被害、交通事故、オレオレ詐欺被害、認知症を抱えた老後……。

しかし、どんなマイナス体験も楽天的で明るく前向きな性格で、落ち込みを最小限にして乗り越えて来た。それは各時代の心情を書き記した日記やメモからも読み取ることが出来る。家父長制が色濃く残っていた時代にあっても、父の理解もあったとは思うが、日頃のたゆまぬ努力、興味を持った事柄、好きなことをとことん追求する粘り強さ、毎日毎日の暮らしの中で小さくても楽しい、面白い、幸せだと思えるものを常に求め続けた姿があった。

女学生時代の陸上競技やバレーボール、習字や洋裁。結婚後には映画や舞台を楽しみ、戦後は麻雀、三味線、お琴。四十歳を過ぎてからは海外旅行。五十歳頃からは短歌、刺繡、ボウリングなど。

そうした母の姿に身近に接して来た私は、大なり小なり影響を受けて育って来たと思う。女学生時代に活躍した陸上競技の話をよく聞かされたお陰で、能力も無いのに中学生時代から高校、大学と陸上競技部に所属し、大学二年からは日本学生陸上競技連合、関東学生陸上競技連盟の幹事、役員として箱根駅伝を始め、様々な競技会の運営で忙しい青春時代を送った。また、映画好きだった母の影響で映画に興味を持ち、無謀にも映画不況のさなかに映画業界に飛び込み、後に個人会社を立ち上げて細々と何とか家計を支えて来られた。

母の人生を振り返ると「好きなこと」「楽しいこと」が満ちていたと思う。

そして、日常生活の中に常に笑顔があった。仏教の教えの中に「和顔施《わがんせ》」という言葉がある。瀬戸内寂聴さんが好んで用いられた言葉で、にこやかな笑顔で人に接すると、相手の心も和み、自分も相手も幸せになるという教え。母はまさに、これを自然に実践して来たのだ。

最晩年、施設の中でも、好きなハーモニカを皆さんに披露して喜んでもらったと聞いている。そして母は、きっと幸せな気持ちで最期を迎えられたことだろう。

今、母の笑顔の遺影を前に、様々な面で影響を与えてくれ、私が自分の人生を無事に進めるように導いてくれたことに、心からの感謝を述べたい。本当にありがとうございました。これからもお母さんの生き様を見習って「好き」という思いを大切に、幸せな人生を送れるよう精一杯生きて参ります。

令和六年（2024）七月　谷光　章

リビングの壁に飾られた様々なもの。好きなもの、気に入ったものに囲まれて暮らしていた

章と晩酌を
楽しむ（100歳）

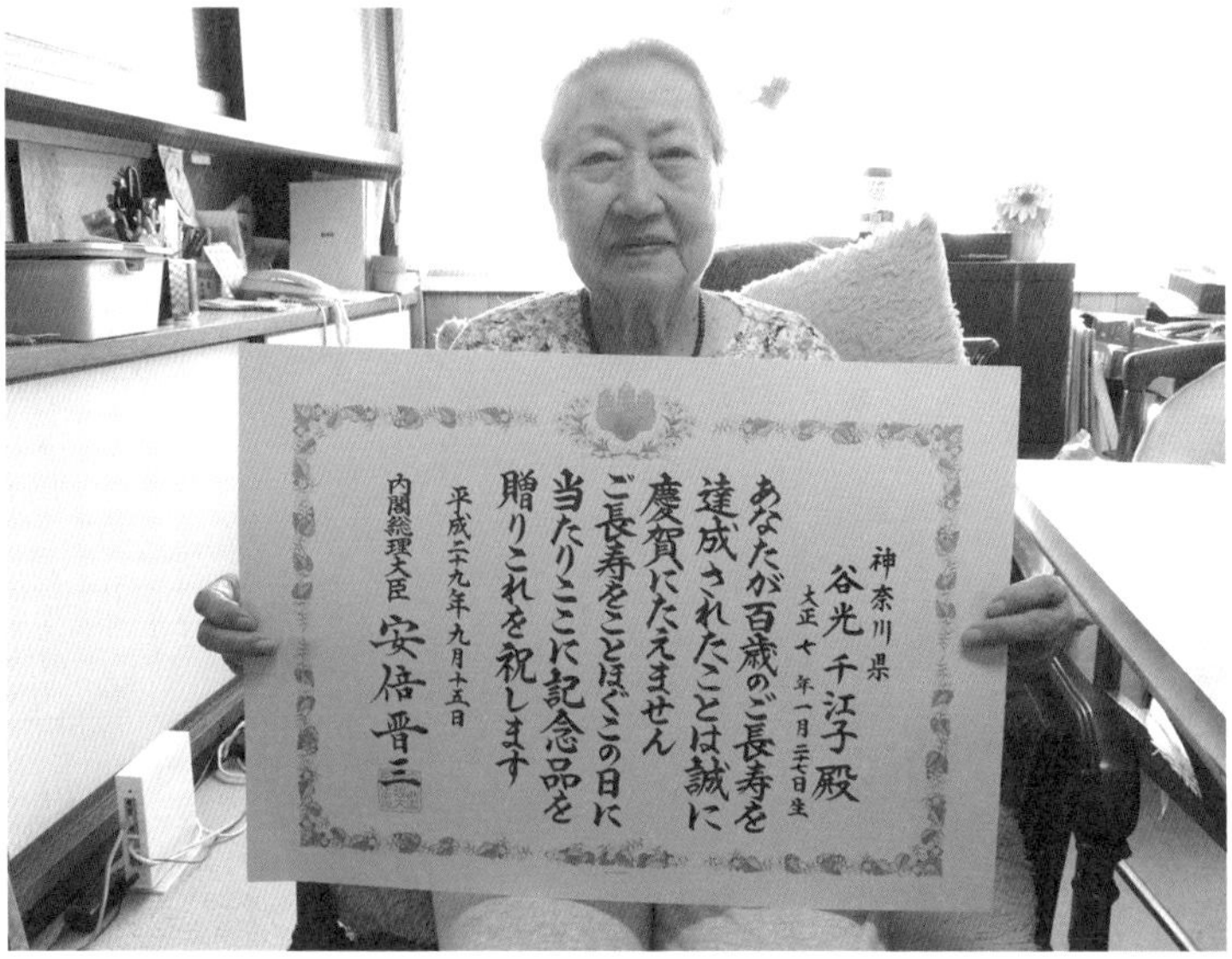

百歳長寿の
お祝い状
（平成29年）

一人で生きてく七ヶ条

一、生きてゆく意欲をもつ
二、生活のからをうちやぶる
三、信頼の出来る人を作る
四、一人でも遊ぶ
五、声をはり上げる
六、金を蓄える
七、何らかの役割をもつ

孤独は老化をはやめる

母がリビングの壁に貼っていた人生訓

母・千江子が見た映画（日記に記された作品）

昭和十七年（１９４２）

四月

（注１）『**父ありき**』（松竹　監督：小津安二郎　出演：笠智衆／佐野周二／佐分利信／水戸光子）

父親と息子の親子関係を深く、繊細に描いた作品。

六月

（注２）『**南から帰った人**』（東宝　監督：斎藤寅次郎　出演：古川ロッパ／渡邊篤／高峰秀子／入江たか子）原作：菊田一夫

情勢の緊迫する東南アジアから帰国した男。一人の女性を想い続けて、いまだ独身。一方、女性も男と訪れた時計台を見つめ続けていた。時が経て二人が再会を果たした時、大東亜戦争が始まり、男は幸せを投げ打って戦場に向かう。

昭和十八年（１９４３）

十一月

（注３）『**秘めたる覚悟**』（東宝　監督：滝沢英輔　出演：長谷川一夫／山田五十鈴／志村喬）

銀座の洋食屋を舞台にしたホームドラマ。

十二月

（注４）『**海軍**』（松竹　監督：田坂具隆　出演：山内明／志村久／小杉勇／青山和子／水戸光子）原作：岩田豊雄

太平洋戦争の真珠湾作戦で戦死した主人公を、国家観、家族観、友情、恩師の教えを絡ませて描く。１９６３年に東映で北大路欣也主演で再映画化された。

昭和十九年（１９４４）

十二月

（注５）『**陸軍**』（監督：木下恵介　出演：笠智衆／田中絹代／上原謙／東野英治郎）

陸軍からの命令により制作された国威発揚映画。江戸時代末期からの親子四代にわたる物語。

昭和二十一年（１９４６）

一月

（注７）『**愛染かつら**』（松竹　監督：野村浩将　出演：田中絹代／上原謙）原作：川口松太郎（１９３７年から１９３８年まで雑誌『婦人倶楽部』に連載された小説）

夫と死に別れ、幼子を抱えて懸命に生きる看護婦・高石かつ枝と病院長の長男・津村浩三の身分違い、周囲の無理解の中での恋愛劇。

後に、京マチ子／鶴田浩二（１９５４年）、岡田茉莉子／吉田輝雄（１９６２年）で再映画化された。

（注8）『**結婚の生態**』（東宝　監督：今井正　出演：夏川大二郎／原節子）原作：石川達三
若い優秀な新聞記者と新妻。良き結婚生活精神の建設を描く、と宣伝された作品。

二月

（注6）『**檜舞台**』（東宝　監督：豊田四郎　出演：長谷川一夫／山田五十鈴）
劇団の幹部俳優が、真の父の存在を知り、母の遺品の舞扇を渡されて、父や娘の真情を知る。

（注9）『**東京五人男**』（東宝　監督：斎藤寅次郎　出演：横山エンタツ／花菱アチャコ／古川ロッパ）
終戦と共に、焦土と化した東京に帰って来た五人の徴用工が、権力者や悪徳商人、暴力団を町から葬るためがぜん奮起する。

（注10）『**婚約三羽烏**』（松竹　監督：島津保次郎　出演：佐野周二／上原謙／佐分利信／高峰三枝子／三宅邦子）
デパートの面接に受かった三人の男性。想い人がいる身ながら社長令嬢のアプローチに心を動かされる。ロマンチックコメディの佳作。
1956年に宝田明、小林桂樹、司葉子で再映画化された。

（注11）『**わが母の書**』（松竹／松竹キネマ　監督：池田義信　出演：田中絹代／高杉早苗／桑野通子／上原謙／佐野周二）
1936年に公開された現代劇。

四月

（注12）『**ユーコンの叫び**』（監督：リーヴス・イーソン　出演：ビヴァリー・ロバーツ）
北アラスカのトペック村には獰猛な狼が棲んでいて、時々付近を荒らす。その狼群のリーダーの半狼犬を先住民は「稲妻」と呼んで恐れていた。

（注13）『**女生徒と教師**』（松竹　原案：菊池寛　監督：佐々木啓祐　出演：増田順二　山中一子）
戦争中、航空工場に挺身隊として派遣されていた女生徒の妊娠にまつわる騒動。最後は自由な愛の世界へ。

（注14）『**娘時代**』（東宝　監督：青柳信雄　出演：山根壽子／櫻町公子／藤田進）
都会暮らしの若い娘が、豊かでたくましい田舎での生活を知って、結婚へ踏み出す。

六月

（注15）『**春の序曲**』（監督：フランク・ボーゼージ　出演：ディアナ・ダービン／フランチョット・トーン）
美しい声を持つ女性が、有名な作曲家と結ばれるまでが描かれる。

（注16）『**女性の勝利**』（松竹　監督：溝口健二　出演：田中絹代／桑野通子／徳大寺伸）
女性の自立・解放を熱っぽく説く女性弁護士の田中絹代が、旧態依然の封建的検事と対決する法廷裁判劇。

（注17）『**元気で行かうよ**』（松竹　監督：野村浩将　出演：佐野周二／田中絹代／上原謙）

父想いの絹代は、事業に失敗して山歩きに出かけた父を心配して探しに行く。汽車の中で鉱山技師の探検隊と出会う。佐野周二の帰還第一作として松竹オールスターの話題作。

（注18）『**人妻椿**』（松竹　監督：野村浩将　出演：佐分利信／川崎弘子／上原謙）

小島政二郎の原作。殺人を犯した社長の罪を被り、妻子を社長に託して行方をくらました男。バーのママとして夫の帰りを待ち続ける妻。さらに苦難が続く。1967年に三田佳子、栗塚旭で再映画化された。

七月

（注19）『**キュリー夫人**』（監督：マーヴィン・ルロイ　出演：グリア・ガーソン／ウォルター・ピジョン）

ノーベル賞を二度受賞した天才科学者の愛と情熱の半生記。

（注20）『**母の曲**』（東宝　監督：山本薩夫　出演：岡譲二／英百合子／原節子／入江たか子）原作：吉屋信子

家の倒産のため、ピアニストの恋人をあきらめたことのある娘を持つ大学教授。温泉宿の女中と夫婦となったが、教養や身分の違いで親子の絆が揺らいでいく。1937年に映画化され、1955年に三益愛子、上原謙で再映画化された。

八月

（注21）『**僕の父さん**』（東宝　監督：阿部豊　出演：古川ロッパ／加賀美一郎／飯田蝶子）

田舎の親類に預けていた一人息子と暮らすことになった父。有名なオペラ歌手だった亡くなった妻の遺言通り息子を立派な声楽家に育てようと決心する。

（注22）『**或る夜の殿様**』（東宝　監督：衣笠貞之助　出演：長谷川一夫／山田五十鈴／大河内傳次郎）

衣笠監督の戦後第一作。明治時代の箱根温泉宿を舞台に、鉄道建設の利権争いを描いたコメディ。

（注23）『**禁男の家**』（監督：ジャック・ドヴァル　出演：ダニエル・ダリュー／ヴァランティーヌ・テシエ）

男子禁制のアパートに住む50人の娘たち。天使のごとく生活しようとしたが、恋はこの楽園の規則を踏みにじった。

九月

（注24）『**カサブランカ**』（監督：マイケル・カーティス　出演：ハンフリー・ボガート／イングリッド・バーグマン）

戦火近づく仏領モロッコのカサブランカは自由を求めて渡米しようとする人々であふれていた。ナイトクラブを経営するリックのもとに、ナチの手を逃れて抵抗運動の指導者が現れる。その妻は、かつてパリで恋に落ちたイルザだった。激動の時代、別れた恋人、再燃する愛……。「君の瞳に乾杯!」

十二月

（注25）『**のんきな父さん**』（監督：マキノ正博　出演：小杉勇／轟夕起子／灰田勝彦／柳家金語楼）

終戦で職を解かれたのんきな父さんは、焼け跡の枯木に芽吹く若緑に勇気付けられ、娘の消息を求める。最後は野球の試合のドタバタで終わる。

（注26）『**緑のそよ風**』（監督：ロイ・ローランド　出演：エドワード・G・ロビンソン）天才子役マーガレット・オブライエンが出演。

田舎の小さな町で牛を飼って慎ましく暮らす一家。町に赴任して来た教師は町や人に良い印象を持っていなかったが、人々の優しさに触れ変わってゆく。

（注27）『**肉体と幻想**』（監督：ジュリアン・デュビビエ　出演：エドワード・G・ロビンソン／シャルル・ボワイエ／バーバラ・スタンウィック）

夢や幻想の心理的現象が肉体に関連を及ぼすという3人の作家の短編小説を基に作られた、3つの挿話よりなる作品。

昭和二十二年（1947）

一月

（注28）『**我が道を往く Going My Way**』（監督：レオ・マッケリー　出演：ビング・クロスビー／リーゼ・スティーヴンス）

ニューヨークの下町、劣悪な環境にある協会に、運動と音楽好きな若いオマリーが副神父としてやって来る。彼の様々な活動で町は変わって行く。第17回アカデミー賞作品賞。

三月

（注29）『**四つの恋の物語**』（東宝　監督：豊田四郎／成瀬巳喜男／山本嘉次郎／衣笠貞之助　出演：池部良／久我美子／志村喬／杉村春子／木暮実千代）

四人の監督が『恋』をテーマに、バラエティに富んだエピソードで描くオムニバス作品。

（注30）『**今宵妻となりぬ**』（大映　監督：田中重雄　出演：高峰三枝子／入江たか子）

病院の女医とその亡兄の親友、兄嫁とのそれぞれの思いを絡ませた人間ドラマ。

七月

（注31）『**戦争と平和**』（東宝　監督：山本薩夫／亀井文夫　出演：池部良／岸旗江／伊豆肇）

GHQの指示により製作された戦争放棄をテーマとした新憲法発布記念作品。

（注32）『**今ひとたびの**』（東宝　監督：五所平之助　出演：龍崎一郎／高峰三枝子）

戦争で生き別れになっていた恋人たちが、戦前に交わした約束通り、戦後のある日曜日に再会を果たすまでを描いたラブストーリー。

八月

（注33）『**素晴らしき日曜日**』（東宝　監督：黒澤明　出演：沼崎勲／中北千枝子）

雨の日曜日、金もなく戦後の焼け跡も残る街に出掛けた若い恋人たち。楽しいはずのデートはことごとく厳しい現実に遭遇し落ち込むが、最後にはそれでも明るい未来に希望を抱き絆を強める。

（注34）**『心の旅路』**（監督：マービン・ルロイ　出演：ロナルド・コールマン／グリア・ガーソン）
第一次世界大戦終戦後のイギリスを舞台に、戦争で記憶を失った男と彼を想い続ける女との愛の軌跡を描く。

九月

（注35）**『こころ　月の如く』**（大映／東横映画　監督：稲垣浩　出演：上原謙／轟夕起子／宮城千賀子）
病妻を遠ざけ妾を家に入れた伯爵。子供の姉妹は家を出て波乱に富んだ人生を歩む。

十月

（注36）**『愛よ星と共に』**（東宝／新東宝　監督：阿部豊　出演：高峰秀子／横山運平／浦辺粂子／池部良）
女性解放、封建主義と家父長制の否定というテーマを盛り込んだ占領期の作品。

十一月

（注37）**『緑の小筐』**（大映　監督：島耕二　出演：相馬千恵子／池田雄二）
山奥から海へと流された緑の小箱には、息子が行方不明になった父宛の手紙が入れられていた。息子の思いは父に届くのか？　奇跡は果たして……。

昭和二十四年（１９４９）

一月

（注38）**『三十三の足跡』**（大映　監督：松田定次　出演：片岡千恵蔵／月形龍之介／木暮実千代）
人気の多羅尾伴内シリーズの怪奇ミステリー。

（注39）**『凸凹空中の巻』**（監督：アーサー・ルービン　出演：バッド・アボット／ルー・コステロ）
コメディ・凸凹シリーズの一作。陸軍の航空学校を舞台に、ミュージカルシーン、特撮ありのドタバタ劇。

（注40）**『歌うエノケン捕物帖』**（東宝／新東宝　監督：渡辺邦男　出演：榎本健一／藤山一郎／笠置シヅ子）
新東宝とエノケンプロが提供したお笑い歌謡映画。

昭和二十九年（１９５４）

一月

（注41）**『シェーン』**（監督：ジョージ・スティーブンス　出演：アラン・ラッド／ジーン・アーサー／ヴァン・ヘフリン）
雄大な自然が広がる西部開拓時代のワイオミングを舞台に、流れ者シェーンと開拓者一家の交流や悪徳牧場主との戦いを描く。

（注42）**『地上より永遠に』**（監督：フレッド・ジンネマン　出演：バート・ランカスター／モンゴメリー・クリフト／デボラ・カー／フランク・シナトラ）
真珠湾攻撃が迫るハワイを舞台に、アメリカ陸軍組織の腐敗や男女の愛と苦悩を描く。第26回アカデミー賞受賞作。

昭和三十年（1955）

十二月

（注43）『**海底二万哩**』（監督：リチャード・フライシャー　出演：カーク・ダグラス／ジェームス・メイソン）

フランスの小説家ジュール・ヴェルヌのSF小説をウォルト・ディズニーが映画化した作品。

昭和六十一年（1986）

三月

（注44）『**黄昏**』（監督：マーク・ライデル　出演：キャサリン・ヘップバーン／ヘンリー・フォンダ／ジェーン・フォンダ）

老夫婦とその娘が織りなす心の交流を描いたヒューマン・ドラマ。第54回アカデミー賞で主演男優賞と主演女優賞を受賞。

谷光 章 たにみつ あきら

1945年香川県生まれ。慶應大学仏文科卒業。日本映画新社でニュース映画企画者として３億円事件、安田講堂占拠、浅間山荘事件などに関わる。1977年よりフリー演出家。『さわる絵本――盲児たちの世界』(厚生省特選)、『とべ！マリンジャンボ』(広告電通賞グランプリ)、映画『DX(ディスレクシア)な日々美んちゃんの場合』で児童福祉文化賞。2014年前衛生花作家の壮絶な人生と創作の秘密に迫った『華　いのち　中川幸夫』。高齢の母との日常を親子のコミカルな会話で綴り認知症と介護のあり方を考えてもらう『99歳　母と暮らせば』は現在も全国で上映中(2024年７月現在)。著作は映画の関連本『100歳介護　幸せのレシピ』(幻冬舎)。

103歳“好き”に生きたわ　千江子流 人生アルバム

2024年７月31日　初版第１刷発行

著　　者　谷光　章

発　　行　小学館スクウェア
〒101-0051
東京都千代田区神田神保町2-19　神保町SFⅡ 7階
Tel：03-5226-5781　Fax：03-5226-3510

印刷・製本　中央精版印刷株式会社

デザイン・装丁　深澤かずみ（アレマ）

Printed in Japan　ISBN978-4-7979-8134-6